Roland Hesse

METAL

Musik, Szene und Lebenseinstellung

Literareon

MIX
Papier aus verantwortungsvollen Quellen
FSC® C003147
www.fsc.org

Bibliografische Information der Deutschen Nationalbibliothek:
Die Deutsche Nationalbibliothek verzeichnet diese Publikation
in der Deutschen Nationalbibliografie.
Detaillierte bibliografische Daten sind im Internet über
http://dnb.d-nb.de abrufbar.

Umschlagfoto: Roland Hesse

Printed in EU
Literareon im Herbert Utz Verlag GmbH
Tel. 089 – 30 77 96 93 | www.literareon.de

ISBN 978-3-8316-1711-1

Inhaltsverzeichnis

Nothing else than metal

Vorwort des Verfassers:

Metal!

Was ist das für ein Lärm! – Habe ich schon einmal gehört! – Bringe ich in Verbindung mit wilder Musik! – Das ist doch die Szene, in der die Ungepflegten mit den langen Haaren und der schwarzen Kleidung herumlaufen! – Beten diese Typen nicht Satan an oder haben zumindest eine satanistische Einstellung? – Die sind doch fast alle rauschgiftsüchtig! – Das ist doch keine Musik, nur Gebrüll! – Die machen alles kaputt und legen ein asoziales Verhalten an den Tag! –Man muss Angst haben, denen in der Dunkelheit zu begegnen! – Sind die, die diese Musik hören, nicht besonders suizidgefährdet? – Das sind doch keine Musiker, die können doch nur Krach machen! – Gewalttätige Bande! – Etc.

Diese Aussagen spiegeln die Meinungen von vielen Mitbewohnern auf unserem Planeten wider. Seit einigen Jahrzehnten (da nannte man dieses „Teufelswerk" noch Rockmusik), bis in die Gegenwart, hatte und habe ich mich, wie auch viele meiner Gleichgesinnten, mit diesen Vorurteilen auseinanderzusetzen.

Anno 1960 bin ich geschlüpft. In den ersten Jahren meiner Entwicklung wurde ich mit Blasmusik, Schlagern und Volksmusik gequält. Ende der 60er und zu Beginn der 70er Jahre erlöste mich unter anderem Wolfman Jack, einst legendärer Discjockey von Radio AFN, aus diesem Martyrium, indem er den Beweis erbrachte, dass einem Musik auch gefallen kann. Dies geschah beispielsweise durch das (heimliche) Hören des Soldatensenders AFN oder Radio Luxemburg, beide damals über Mittelwelle, vorzugsweise auf einem Transistorradio, meist in schlechter Qualität zu empfangen. Hören konnte man hier vor allem die Musik, die zur damaligen Zeit von den kommerziellen Radioanstalten nicht gesendet wurde. Gespielt wurde meist Musik aus den Bereichen Rock, Blues oder Funk, primär von Bands aus

England oder den USA. Alternativ sendete die ARD den Beat Club. Hier traten auch Musiker auf, die in englischer Sprache sangen, was zur damaligen Zeit im deutschen Fernsehen eher als Revolution zu betrachten war. Wollte man im TV beispielsweise den Beat Club ansehen und anhören, musste immer wieder einmal die elterliche Hoheitsgewalt am Fernsehgerät durch List untergraben werden.

Meine musikalische Weiterentwicklung vollzog sich in der Folge vor allem durch das verstärkte Konsumieren von Blues- sowie Rock-Vinylscheiben, verbunden mit der Neugier, neue Bands und deren musikalisches Wirken kennenzulernen. Hinzu kam der glückliche Umstand, im jungen Alter von circa zehn Jahren die Gründung und Entwicklung einer Hardrock-Band miterleben zu dürfen, was das Interesse an entsprechender Musik nochmals deutlich steigerte. Von Ende der 70er Jahre bis heute konnte ich eine Menge Blues-, Rock- und Metal-Konzerte sowie entsprechende Festivals besuchen.

So hatten meine Generation und ich die Möglichkeit, sich mit der Ausdifferenzierung des Metals in diverse musikalische Genres (näheres hierzu in **Kapitel 1. Musik**), ab den 80er Jahren bis in die heutige Zeit, zu beschäftigen. Wer mit der Metal-Philosophie, die neben der Musik auch die Szene-Eigenschaften sowie eine Lebenseinstellung beinhaltet, infiziert wurde, konnte nur schwerlich wieder davon loskommen. Da ich zwischenzeitlich doch einige Jahre durch die Gegend gelaufen bin und dabei auch das Bedürfnis entwickelt habe, meinem eigenen Lebensgefühl eine Stimme zu geben, werde ich anhand dieses Buches versuchen, die **Musik**, die **Szene** und auch die **Lebenseinstellung** innerhalb der „Metal-Gemeinschaft“ so gewissenhaft, wie es mir möglich ist, zu beschreiben, verbunden mit dem Gefühl, über etwas eine Aussage zu treffen, das mir sehr **am Herzen** liegt.

Das Buch richtet sich vor allem an die Leser, die sich in Sachen Metal informieren möchten. Sollte ein Metal-Head diese Abhandlung in die Finger bekommen, hoffe ich auf Gnade bei der Beurteilung. Für diejenigen, die vorhaben, sich intensiver mit dem Thema Metal zu beschäftigen, sind an einigen Stellen dieses Buches Hör- oder Anschauungsbeispiele angeführt. Auch wird da, wo Notwendigkeit besteht, auf Internetseiten verwiesen, die zur Ergänzung des Sachverhaltes dienen sollen.

Im Zusammenhang mit manchen Aussagen wurde seitens des Verfassers bewusst auf eine Wertung verzichtet, um die Meinungsbildung beim interessierten Leser zu belassen.

1. Musik

1.1 Entwicklung des Metals zum eigenständigen musikalischen Genre

Metal ist weder originär entstanden noch gibt es Interpreten oder Bands, die als alleinige Begründer gelten. Metal hat sich über Jahre hinweg entwickelt. Es wurden Klangbilder aus anderen Genres, wie dem Blues, Soul, Rock, Jazz, Punk, Psychedelic und auch der klassischen Musik, adaptiert. Durch die Kreuzung der vorgenannten Spielarten wurde Ende der 60er Jahre der Rock, respektive der Hardrock, kreiert.

Es gibt Meinungen, die Black Sabbath als eine der ersten Metal-Bands beschreiben. In Interviews verneint die Band dies zwar, räumt jedoch ein, dass durch sie möglicherweise eine gewisse Inspiration ausgegangen sei, die maßgeblichen Einfluss auf den Metal hatte.
Auch bei Deep Purple kann auf die musikalische Verwandtschaft verwiesen werden, vor allem in ihrer ersten musikalischen Phase (Mark I). Led Zeppelin oder The Who (die Band, die vermutlich als Promotionsgag am Schluss eines Konzerts ihre Musikinstrumente zertrümmerte) proklamierten ebenfalls für sich, keine Metal-Bands gewesen zu sein, leisteten mit ihrer Musik jedoch eine Menge Pionierarbeit. Judas Priest brachte zumindest mit dem Album Sin after Sin im Jahr 1977 ein Metal-Album an den Start. Auch die Band Motörhead vermischte Ende der 70er Jahre in ihrer Musik neben Hardrock und Blues auch etwas Punk. Etwa zu diesem Zeitpunkt war die Stilrichtung des Metals schon langsam vorgegeben.

Wo liegt überhaupt der Unterschied zwischen Hardrock und Metal? Die Frage kann noch erweitert werden, wenn man statt Metal

die einzelnen Metal-Stilrichtungen (auf diese wird in der Folge noch eingegangen) in Bezug zum Hardrock setzt.
Es lässt sich erkennen, dass eine eindeutige Aussage zum Unterschied gar keinen Sinn macht, da zum Beispiel der Hardrock oder der Old School und Power Metal verwandter sind als Power Metal mit Black Metal. Es hat schon unzählige und oftmals nur bedingt taugliche Definitionsversuche zu diesem Thema gegeben. Ein Beispiel dafür ist, dass ein Song „schneller" oder mit „verzerrteren Gitarren", „druckvoller", „riffbetonter" etc. gespielt wird als ein anderer Song. Also muss einer Metal und der andere Hardrock sein, oder umgekehrt. Ebenso wenig kann man die Bands im Hinblick auf dieses Thema katalogisieren.
Als praktisches **Hörbeispiel**, das vielleicht für eine eigene Urteilsfindung geeignet ist, wäre der Titel „Free'n'Easy" von Uriah Heep aus dem Jahr 1977 zu nennen. Die Fragestellung, die zu beantworten wäre, lautet: Handelt es sich hier um einen Hardrock- oder einen Metal-Song?
Das kann jeder für sich entscheiden …

Von diesem Standpunkt aus betrachtet, kann man den Hardrock als eine Stilrichtung ansehen. Ergänzend sei erwähnt, dass sich auch der Hardrock nochmals vom progressiven Hardrock unterscheiden lässt, aus dem sich in den 80er Jahren der Progressive Metal entwickelt hat. Hierzu sind z. B. Dream Theater, Mastodon, Ivenhoe oder Opeth zu nennen. Diese Bands vermischen die verschiedensten Musikelemente auf interessante Weise.

Entscheidend für die Weiterentwicklung des Hardrock/Prog-Rock in Richtung Metal war der zum damaligen Zeitpunkt herrschende, unermüdliche Enthusiasmus von sogenannten Kellerbands, die laufend experimentiert und immer neue musikalische Ideen in ihre Spielweisen eingebracht haben. Unter den widrigsten Umständen fand man sich meist zu dritt oder zu viert zusammen. Irgendjemand fand einen Raum, den man notdürftig isolierte. Gitarren, Bass und Schlagzeug wurden herangekarrt und los ging es. Wenn man Glück hatte, konnte man vielleicht einen alten Luftschutzbunker zum Üben okkupieren. Da gerade in den 60er und 70er Jahren das Produkt dieser schon fast spirituellen Übungstreffen für viele Ohren, die auf Schlager programmiert waren, als Attentat verstanden wurde, blieb man eher im Untergrund, sprich im Keller. Die Bands, die es geschafft hatten, in irgendwelchen Hinterhofkneipen aufzutreten und dort vereinzelt schon beeindruckenden Zulauf hatten, mussten nun, soweit überhaupt gewollt, ein Plattenlabel finden, was in der damaligen Zeit in dem Genre mit Sicherheit nicht einfach war.

Dann kamen die 80er Jahre und mit ihnen Iron Maiden und Co. Es entstand der Terminus „New Wave Of British Heavy Metal" (NWOBHM). Diese Zeit war eine epochale Weiterentwicklung für den Metal. Mitte der 80er Jahre breitete sich Metal dann in die verschiedensten Stilrichtungen aus. Es entstanden immer mehr Bands, die durch ihr erfolgreiches Schaffen den Metal prägten. Anders als bei den meisten Gruppen, die in anderen Musikrichtungen tätig waren, existieren viele Metal-Bands heute noch und feiern nicht selten ihr 30- bis 35-jähriges Bestehen.

Die 90er Jahre waren allerdings für den Metal weniger erfolgreich. In dieser Zeit wurden Musiker und Bands vom Business in den „Nischenbereich" gedrückt beziehungsweise abgeschrieben. Radiosender, die noch einen Rest für die härtere Musik übrig hatten, zogen sich immer mehr vom Metal zurück. Eine Fehleinschätzung, wie sich herausstellen sollte!

Es folgte die Jahrhundertwende und mit ihr die Renaissance des Metals. Man konnte eine erhebliche Weiterentwicklung im musikalischen Bereich feststellen, die wiederum auch eine Menge neuer Fans hervorbrachte und vermutlich auch weiter hervorbringen wird.

In der allgemeinen Betrachtungsweise wird oftmals vom „Heavy Metal" gesprochen und in der Nicht-Metal-Szene meint man damit in der Regel **die Musik als solche**, die hier definiert werden soll. Heavy Metal ist jedoch als **eine** von vielen Stilrichtungen anzusehen. Der **Überbegriff**, dem sich die einzelnen Richtungen zuordnen, ist als **Metal** zu bezeichnen.

Woher stammt der Begriff **Metal** (a. d. Engl. = Metall) eigentlich? Hierzu gibt es einige Erklärungsversuche, genau weiß es jedoch wohl niemand! Teils wird der Begriff mit Songtexten von Bands in Verbindung gebracht oder es wird Bezug auf die Stadt Birmingham genommen, woher die Band Black Sabbath stammt. Da es sich um eine Industriestadt handelt, versucht man eine Ableitung aus der Schwermetallindustrie (= Heavy Metal). Natürlich gibt es auch diverse Leute aus der Rockszene, die die Begriffsdefinition für sich in Anspruch nehmen. Eine weitere Annahme ist, dass die Bezeichnung Metal in Anlehnung an das Klangbild der Musik angepasst wurde. Irgendwann und irgendwie wurde der Begriff jedenfalls von einer oder mehreren Personen geboren und in der Welt verbreitet. Wann, wie, warum und von wem ist eigentlich egal!

1.2 Die verschiedenen Stilrichtungen des Metals

Es gibt im Metal eine Vielzahl an Stilrichtungen, je nachdem, ob die eine oder andere Metal-Art als eigenes Genre dargestellt oder ob mehrere zusammengefasst werden. Diese verschiedenen Richtungen entstanden bzw. entwickelten sich im Laufe der 80er Jahre bis heute und haben mit dem Metal fusioniert.

Um nicht zu sehr in die Tiefe zu gehen und damit den Leser zu langweilen, belasse ich es hier bei den gängigsten Genres und beschreibe diese möglichst kurz. Innerhalb der Metal-Richtung werden einige

Bands beispielhaft aufgeführt, die den jeweiligen Musikstil repräsentieren. Da dies natürlich nur visuell erfolgen kann und die Ohren zur Eindrucksvermittlung hier sinnvoller zu benutzen sind als die Augen, kann man sich, soweit Interesse besteht, ja die eine oder andere Band einmal **anhören**. Der Weinliebhaber macht es ja ähnlich, indem er eine Geschmacksdefinition auf der Basis von bekannten Düften festlegt und den Wein aufgrund derer analysiert. Auch hier dürfte es sinnvoll sein, den Wein in natura zu probieren.

Spätestens bei den Definitionsversuchen kann sich jeder, der es versucht, böse Kritiken einfangen, gerade von den Metal-Heads, da die Auffassungen, insbesondere im Detail, doch verschieden sein können. Als **Diskussionsbeispiele** seien hier die Bands Nevermore, Sólstafir oder Atrocity angeführt, die man, wie einige andere auch, in diverse Genres einordnen kann, zumal der Musikstil von Album zu Album variiert, ohne den musikalischen Wiedererkennungswert der Band zu verlieren. Manche Bands lassen sich ungern in ein **Schema** pressen, was durchaus verständlich erscheint.

Die Musik über die einzelnen Metal-Genres zu definieren, ist im Hinblick auf eine gemeinsame Unterhaltung, die das Ziel hat, eine Band oder einen Titel zu beschreiben, sinnvoll. Bei der Anzahl an Genres und Bands kann hier schon einmal eine Einschätzung getroffen werden, ob die Musik grundsätzlich die eigene Geschmacksrichtung trifft oder nicht.
Interessant ist auch die Betrachtung der weitverbreiteten Aussage, Metal sei eine Musik der härteren Gangart. Diese Aussage ist ähnlich aussagekräftig wie die Feststellung, dass Brot aus Getreide gemacht wird. Wie man im Folgenden sehen und bei Interesse auch hören wird, besteht der Metal mit seinen Genres aus einer Vielzahl von unterschiedlichen Klangbildern, die äußerst differenziert zu beurteilen sind.

1.2.1 Hardrock und Progressive/Art Rock

Hardrock:

Der Hardrock entwickelte sich aus verschiedenen Stilrichtungen. In den 60ern spielten die Shadows ihren Gitarrensound. Elvis Presley und Bill Haley bewegten die Massen mit Rock'n'Roll. Die Beatles revolutionierten die Musikwelt mit ihrem Sound. Alexis Korner und John Mayall hielten den Blues hoch, andere Bands, wie beispielsweise Amon Düül oder Frank Zappa, bewegten sich auf dem Gebiet des Psychedelic Rock. Jimmy Hendrix erfand, so konnte man meinen, das Gitarrenspiel neu.

Die Symbiose aus dieser Gemengelage und die eigene Kreativität von diversen Bands ergaben den Hardrock, dessen Musikstil in der Regel im mittleren Tempobereich anzusiedeln ist (Ausnahmen sind Balladen). Annähernd jede Hardrock-Band hat ihre Ballade, wobei aus manchen regelrechte Hymnen mutierten. Gitarrensolos sind aus dem Hardrock kaum wegzudenken. Die Texte sind thematisch homogen, manchmal anspruchsvoll und manchmal etwas trivial. An Instrumenten werden in der Regel E-Gitarren mit entsprechenden Verstärkern und Verzerrern oder auch akustische Gitarren sowie Bass und Drums eingesetzt. Begleitet wird der Beat durch Gesang mit sogenannten „Clear Vocals". Auch ein Keyboard wird von einigen Bands benutzt.

Als **Hörvorschläge** empfohlen: „*Stairway To Heaven*" von Led Zeppelin oder „*Child In Time*" von Deep Purple.

(Vertreter des Hardrocks sind u. a. Blue Cheer, Black Sabbath, Nazareth, Steppenwolf, Deep Purple, Led Zeppelin, The Who, Alice Cooper u.v.m.)

Progressive/Art Rock:

Der Progressive Rock und der Art Rock sind gewissermaßen verwandt. Sie stimmen in den wesentlichen Merkmalen überein. Vielleicht sind die Kompositionen im Art Rock noch etwas variantenreicher, jedoch führt die Diskussion hinsichtlich des Unterschiedes wohl zu keinem vernünftigen Ergebnis.

Progressive und Art Rock stellen eine Erweiterung oder vielleicht auch Ergänzung zum Hardrock dar. Man kann vereinzelt neben Jazz- und psychedelischen Elementen auch Anleihen aus der Klassik bemerken. Viele Kompositionen haben einen experimentellen Charakter. Neben dem Einbau von psychedelischen Elementen wird vor allem Augenmerk auf die Virtuosität und Spielfreudigkeit gelegt. Die Auflösung musikalisch experimenteller Phasen geschieht nicht selten in Form von melodiöser Bombastik. Dadurch fügen sich die teils dissonanten Phasen wieder zu einer Einheit zusammen. Die Texte sind in der Regel komplex und durchdacht und haben oftmals Bezug zu sozialkritischen Themen. Die Instrumente sind im Wesentlichen die gleichen wie beim Hardrock. Ergänzend kommen jedoch vor allem Keyboards zum Einsatz, manchmal auch Flöte, Blechblas- und Streichinstrumente.

Als **Hörbeispiel** sei hier etwas Rares, aber Hörenswertes genannt: Die Band Subject Esq. (später Sahara) mit dem Titel „*Mammon*“.

(Vertreter des progressiven Hardrock/Art Rock sind u. a. King Crimson, Rush, Blue Öyster Cult, Jethro Tull, Yes, Marillion, Sahara, Epitaph, Birth Control, Keith Emerson, Novalis u.v.m.)

1.2.2 Heavy Metal

New Wave Of British Heavy Metal:
Nachdem der Begriff Hardrock Ende der 70er Jahre schon etwas abgedroschen erschien, suchte man eine neue Definition und nahm den Ausdruck „Heavy Metal“ dafür. In manch einschlägiger Literatur herrscht die Annahme, dass die Herkunft des Begriffes einer Romanfigur entstammt, oder dass die Band Steppenwolf zur Namensgebung beigetragen hat, indem sie in dem Text ihres Songs „Born To Be Wild“ den Begriff „Heavy Metal Thunder“ verwendete. Es ist auch hier nicht so wichtig, wie der Name entstand; abschließend wird man dies sowieso nicht mehr ergründen können. Tatsache ist jedoch, dass der Begriff Heavy Metal Ende der 70er Jahre in den Sprachgebrauch einzog.

Unter der Bezeichnung New Wave Of British Heavy Metal (NWOBHM) sind die Bands gemeint, die Anfang der 80er den Musikstil von Deep Purple, Black Sabbath und Co. noch etwas differenzierten, etwas mehr Power und druckvollere Elemente einbauten und auch die eine oder andere Anleihe aus dem Punk nahmen, um diese in ihren Sound einfließen zu lassen, wie beispielsweise die Band Motörhead. Der Gesang und die Instrumente sind ähnlich wie unter Hardrock dargestellt. Manche Texte knüpfen an Abhandlungen aus Romanen oder Kinofilmen an, jedoch ist die Lyrik in diesem Genre nicht auf bestimmte Themen fixiert.
Im Anfang wurde die NWOBHM-Szene teilweise von der Presse und der „alten Rock-Szene“ mit Spott bedacht und als etwas „imbecile“ bezeichnet. Dieses Vorurteil verschwand jedoch sehr schnell und die Leute strömten in Massen zu Iron Maiden und Co.

Auf einen wesentlichen Umstand für manchen Musiker und Musik-Fan muss noch hingewiesen werden: Einige Bands und Metal-Heads lehnen den Einsatz von Keyboards gänzlich ab, da der

Metal nach Ansicht dieser Traditionalisten aus Gitarren, Bass, Schlagzeug und Gesang bestehe. Dies gilt nicht nur für das hier beschriebene Genre, sondern für die gesamte Breite des Metals.

Als **Hörbeispiel** kann hier das Album von Saxon mit dem Titel *Wheels Of Steel* aus dem Jahr 1980 genannt werden oder der „Klassiker", nämlich das dritte Studioalbum von Iron Maiden *The Number Of The Beast.*

(Vertreter des Heavy Metals sind u. a. Iron Maiden, Saxon, Samson, Tygers Of Pan Tang, Fist, Raven u.v.m.)

Fun Metal:

Unter den Begriff Fun Metal, der hier kein eigenes Metal-Genre darstellt, jedoch erwähnt sein soll, fallen diejenigen Bands, die in ihren Texten spaßige Themen verwenden oder andere Bands humorvoll covern und parodieren. Sie treten oft in lustigen Outfits auf und animieren ihre Fans, dieses nachzuahmen. Parodiert wird alles, was für parodierfähig und -würdig gehalten wird.
Auch der Begriff „Shock Rock", den man in diesem Fall nicht so ernst nehmen soll, der vor allem durch Alice Cooper geprägt und durch Bands wie beispielsweise Lordi weiter interpretiert wurde, sei hier erwähnt. Die Kostüme (Horrorfiguren und Geisterbahngrusel) und die Bühnenshows sind durchaus unterhaltsam und amüsant.
Damit man **hört**, was hier geschrieben steht, kann man(n) sich mal das Compilation-Album von J.B.O. … *Und Spaß Dabei* zu Gemüte führen.

(Vertreter des Fun Metals sind u. a. J.B.O., Knorkator, Nanowar, „Onkel Tom" Angelripper, Alice Cooper, Lordi u.v.m.)

1.2.3 Glam Rock/Glam Metal

Glam Rock:

In den 70ern wurde der Glam Rock geboren. In vielen Diskotheken und auf Partys wurde diese Spielart verbreitet, die sich vor allem durch eingängige Refrains und auch meist durch relativ einfache und einprägsame Texte auszeichnet. Im Allgemeinen unterschätzt werden die oft teils schwierig zu spielenden Gitarrensoli. Der Gesang wird mit heller Stimme (Kopfstimme) vorgetragen. Auffällig und zur Musikszene der damaligen Zeit irgendwie passend, ist die Kleidung. Schlaghosen, enge glitzernde Pullover, hohe Stiefel, Nieten, hochtoupierte Haare (deshalb wird dieses Genre auch „Haarspray Rock" genannt), sind bezeichnend für den Stil.

Hörvorschlag: Die Band The Sweet mit ihrem Titel *„Love Is Like Oxygen"*.

(Vertreter des Glam Rock sind u. a. The Sweet, Slade, T. Rex u.v.m.)

Glam Metal:

Der Glam Metal der heutigen Zeit wird auch als „Poser Metal" bezeichnet. Dies liegt wohl auch daran, dass unter vielen Metalern die Meinung vorherrscht, dass der Darstellungsweise der Band zu viel Beachtung geschenkt wird. Die Texte sind vielfach nicht sehr anspruchsvoll. In der Spielfähigkeit einzelner Bands, insbesondere in einer Detailbetrachtung, kann man sehr wohl einige markante Unterschiede erkennen. Stilistisch hat sich dieses Genre jedoch seit seinen Anfängen kaum weiterentwickelt. Die Musik und das Auftreten werden teilweise bewusst den 70er Jahren nachempfunden. An Instrumenten werden Gitarren, Bass, Schlagzeug und oftmals ein Keyboard eingesetzt.

Hörvorschlag: Die Band Twisted Sister mit ihrem Song „*We're Not Gonna Take It*".

(Vertreter des Glam Metals sind u. a. Twisted Sister, Mötley Crüe, Lizzy Borden, Victory, Vixen, Krokus, Stryper, Tesla, Mr. Big, Quiet Riot, Dokken, Cinderella, Y&T, Kix, L. A. Guns, Ratt, Poison, The Quireboys, Lillan Axe, Skid Row u.v.m.)

1.2.4 Power Metal

Der Power Metal entwickelte sich in Europa Mitte der 80er Jahre als eigenständiges Metal-Genre. Zu den Pionieren dieser Spielart zählte sicherlich die Band Rainbow, die 1975 von Ritchie Blackmore gegründet wurde, nachdem er Deep Purple verlassen hatte. Zusammen mit dem charismatischen Sänger Ronnie James Dio brachte die Band erste Stilelemente des Power Metals in ihre Songs mit ein. Das Tempo ist im Power Metal meist hoch gehalten. Die Stimme wird von eingängig klar, bis hin zur Kopfstimme eingesetzt. An Instrumenten werden E-Gitarren, auch Akustikgitarren, Bass, Schlagzeug, insbesondere mit Double Base, und auch teilweise Keyboards benutzt. Die Texte sind sehr weitreichend und handeln von Kriegen, Sagen, Religion, Fantasy u.v.m.

Hörbeispiel: Das dritte Studioalbum von Rainbow *Long Live Rock'n'Roll*, daraus der Song „*Kill The King*".

Als **weiterer Hörvorschlag** sei die Band Dragonforce mit dem Titel „*Through The Fire And Flames*" empfohlen, insbesondere liegt das Augenmerk auf der Beachtung der beiden Gitarristen – sowohl visuell als auch akustisch. Man kann hier wohl zustimmen, dass der eine oder andere Zuhörer der Band unterstellt, sie spiele „Speed Power Metal".

Im Power Metal sind auch epische Werke (man könnte hier auch von „Power Epic Metal“ sprechen) und ausgeprägte Balladen zu finden.

Als **Hörvorschläge** seien hierfür angeführt: „*Glory To The Brave*“ von Hammerfall oder „*Der Bard's Song*“ von Blind Guardian.

Einige Bands dieses Genres bezeichnen sich auch gerne als True Metal, wie zum Beispiel die Band Manowar, die diesen Begriff wohl für sich kreierte.

(Vertreter des Power Metals sind u. a. Rainbow, Accept, U.D.O., Blind Guardian, Metal Church, DIO, Crimson Glory, Hammerfall, Sabaton, Manowar, Helloween, Dragon Force, Running Wild, Primal Fear, Iced Earth, Edguy, Gamma Ray, Grave Digger, Brainstorm, Anvil, Axxis u.v.m.)

1.2.5 Progressive Metal

Für das Verhältnis zwischen Progressive Rock und Progressive Metal gelten dieselben Aussagen wie für den Hardrock in Bezug zum Heavy Metal, nämlich die Artverwandtschaft. Natürlich hat sich die Tontechnik im Laufe der Jahre weiterentwickelt. Vieles kann wesentlich ausgereifter dargebracht werden als in den 60ern. Dies bedeutet jedoch nicht gleichzeitig, dass die Musik damals qualitativ besser oder schlechter war als heute.
Man findet im Progressive Metal eine filigrane, ausgetüftelte, virtuose Spielweise, die teilweise disharmonisch klingt und die Fortsetzung des Stückes nur schwer erahnen lässt. Jedoch kommt im nächsten Zug wieder eine harmonisch wirkende Klangwelle auf einen zu.

Hörvorschlag: Die Band Dream Theater mit dem Album *Systematic Chaos*, daraus der Song „*Forsaken*“.

Häufig werden auch Anleihen aus anderen Metal-Stilrichtungen in den Progressive Metal importiert (beispielsweise aus dem Black Metal).

Hörvorschlag: Das Album *RIITIIR* von der Band Ensalved.

Auch psychedelische Passagen werden oft in die Songs eingebaut. Die Sänger setzen ihre Stimme im Progressive Metal vielleicht variantenreicher als zu früheren Zeiten ein. Teilweise auch mittels „Growling Stimme". Als Instrumente werden die gleichen wie im Progressive Rock verwendet. Besonderes Augenmerk wird bei dieser Musikart auf den Einsatz von Synthesizern gelegt. Die Texte sind oftmals sehr komplex und erzählen nicht selten Abhandlungen aus dem Leben, behandeln häufig aber auch sozialkritische Themen. Konzeptalben sind in dieser Metal-Richtung häufig anzutreffen.

Als **Hörvorschlag** können hier die Alben der Band Queensrÿche *Operation: Mindcrime* von 1988 (Teil 1) sowie die Fortsetzung von 2006 (Teil 2) vorgeschlagen werden.

(Vertreter des Progressive Metals sind u. a. Fates Warning, Dream Theater, Opeth, Mastodon, Queensrÿche, Ivanhoe, Nevermore, Tool, Meshugga u.v.m.)

1.2.6 Symphonic Metal

Im Symphonic Metal wird klassische Musik mit verschiedenen Metal-Stilrichtungen vermischt. So beispielsweise mit dem Progressive, Gothic oder Mittelalter Metal. Konzerte und Aufnahmen werden auch mit Unterstützung von klassischen Orchestern durchgeführt. Der Einsatz der Instrumente umfasst demnach ein breites Spektrum. Ebenso ist die gesangliche Darstellung variantenreich. So sind männliche wie auch weibliche Stimmen in verschiedenen Tonlagen und auch gutturaler Gesang, auch im Wechsel mit einer weiblichen Gesangsstimme, zu hören. Das Klangbild kann insgesamt als sehr harmonisch und melodisch bezeichnet werden, deshalb wird oft auch der Begriff „Epic Metal" verwendet. Man findet auf Konzerten von Bands dieses Genres vielfach auch Zuhörer, die sonst weniger dem Metal zugeneigt sind.

Hörvorschlag: Das Album *Eppur Si Muove* von der Band Haggard.

(Vertreter des Symphonic Metal-Genres sind u. a.: Nightwish, Tarja Turonen, Evanescence, Battelore, Within Temptation, Epica, Haggard, Rhapsody u.v.m.)

1.2.7 Thrash Metal

Der Thrash Metal rückte in etwa parallel zum NWOBHM Anfang der 80er Jahre immer stärker ins Rampenlicht bzw. in die Metal-Ohren. Man kann vielleicht sogar behaupten, dass diese Spielart, die auch einige Anleihen aus dem Punk genommen hat, für die Metal-Heads geeignet war, denen die Rockmusik der Epoche etwas zu „sanft" erschien.
Vorreiter der Thrash-Bewegung ist wohl neben anderen die Band Venom, die auch im Genre Black Metal Erwähnung als Mitbegründer finden wird.

Zum Genre Thrash passt ihr erstes Studioalbum *Welcome To Hell.* Eine **Hörprobe** wird die Frage nach dem „Warum" klären.

Der Thrash Metal (*thrash*, a. d. Engl. = prügeln) bildete schon damals die Basis zur Weiterentwicklung anderer Metal-Richtungen wie z. B. Death, Black oder Speed Metal. Instrumente dieses Genres sind Gitarren, Bass und Schlagzeug. Die Gitarrenriffs werden hier sehr exakt und meist sehr schnell gegriffen. Der Schlagzeug-Beat wird mit einer hohen Frequenz gespielt. Insgesamt wird der Sound mit einer treibenden, hohen Aggressivität in der Spielweise dargebracht. Der Gesang reicht von „clear" bis hin zur Kopfstimme. Häufig werden auch Growls eingesetzt. Thematisch war der Thrash der 80er Jahre im Wesentlichen mit sozialkritischen Texten besetzt. Heute findet man zusätzlich auch Abhandlungen zu Gewalt, Krieg und Religion. In den 90er Jahren spaltete sich der ursprüngliche Thrash zum Leidwesen der „eingefleischten Thrasher" in den, sagen wir, „neuen Thrash" ab. Der Stil wurde etwas harmonischer und weniger aggressiv, dafür etwas melodischer.

Ein dem Thrash, aber auch dem Power Metal ähnliches Genre sei hier noch ergänzend erwähnt: Der sogenannte Speed Metal. Ein Stück wird im jeweiligen Metal-Stil in sehr hohem Tempo gespielt.

Hörprobe zum Thrash Speed Metal: Der Song *„Strike Of The Beast"* von der Band Exodus.

(Vertreter des Thrash Metal-Genres sind u. a. Metallica, Megadeth, Anthrax und Slayer; diese Bands werden auch als Big Four des Thrash bezeichnet. Des Weiteren Pantera [ab dem 4. Studioalbum], Risk, Forbidden, Lääz Rockit, Dust Bolt, Exodus, Kreator, Overkill, Warbringer, Suicidal Tendencies, Sepultura, Sodom, Testament, Tankard, Destruction, Annihilator, Death Angel, Exciter, Dark Angel, Sacred Reich, Machine Head, Onslaught.)

1.2.8 Black Metal

Entstanden ist diese Spielart hauptsächlich in Skandinavien, insbesondere in Norwegen, Anfang der 80er Jahre – wobei in der Literatur oft der englischen Band Venom die Namensgebung zugeschrieben wird, zumal ihr zweites Studioalbum den Titel *Black Metal* trägt. (Es kann auch hiervon ergänzend eine **Hörprobe** genommen werden).

Der Black Metal hebt sich teilweise durch seine textlichen wie auch gesanglichen Besonderheiten von vielen anderen Metal-Stilen ab. Man kann ihn auch als Extremmusik bezeichnen. Inhaltlich werden oftmals Texte verarbeitet, in denen Satan eine Rolle spielt. Auch Themen zu Natur, mittelalterlichen und nordischen Mythen sowie Darstellungen von Krieg und Historie kommen zum Ausdruck.

Zu erwähnen ist an dieser Stelle die Existenz des christlichen (White) Metal, der jedoch von der Stilrichtung eher dem Heavy Metal bzw. Power Metal ähnelt und stilistisch nichts mit dem Black Metal zu tun hat. Anders verhält es sich mit dem **Unblack Metal**, der insbesondere als Antipode zu den norwegischen Black-Metal-Bands kreiert wurde. Unter Beibehaltung der Black-Spielrichtung werden christliche Texte verwendet.

Der Gesang im Black Metal wird meist guttural-krächzend vorgetragen, wobei vereinzelt auch sehr hohe, kreischende Töne mit einfließen. Der Sound findet langsam, getragen und einseitig riffbetont, oft auch atonal statt. Es werden die klassischen Metal-Instrumente, Gitarren (oft stark verzerrt), Bass und Schlagzeug, eingesetzt. Das Schlagzeug wird in der Regel sehr temporeich gespielt, während der Bass meist in den Hintergrund rückt. Synthesizer kommen vereinzelt vor, sind bei den extremen Black-Fans jedoch nicht gerne gesehen.

Dass man den Black Metal auch mit klassischer Musik sehr gut verbinden kann, beweist die Band Dimmu Borgir. **Hör-** und ggf. **Sichtprobe**: Der Live-Mitschnitt vom *Wacken Open Air* aus dem Jahre 2012 „Dimmu Borgir und Orchestra mit Chor“ und/oder die Dokumentation „Dimmu Borgir und Kork – Black Metal trifft Orchester“. (Beides wurde über *ZDF Kultur* gesendet und befindet sich hin und wieder im Programm. Im Internet sind die Aufzeichnungen ebenfalls anzuschauen.)

Das Auftreten, respektive die Darstellung der Bands nach außen, spielt in diesem Genre eine bedeutende Rolle. Da man böse und abschreckend sein und wohl auch ein nekrophiles Erscheinungsbild zeigen will, schminkt man sich meist schwarz und weiß. Auch blutbeschmierte Gesichter (Kunstblut/Tierblut) und Körper bei den Bandmitgliedern sind nicht unüblich.

Anschauungsbeispiel 1: Auftritte der Band Immortal.
Anschauungsbeispiel 2: Auftritte der Band Watain.

Weitere „Markenzeichen" im Black Metal sind Lederkleidung mit Nieten, Patronengurte sowie umgedrehte Kreuze, die man um den Hals trägt. Die meisten Bandmitglieder tragen Bühnennamen, die z. B. aus der antichristlichen oder nordischen Mythologie entlehnt sind. Zur Philosophie des Black Metals wird an späterer Stelle noch Einiges zu lesen sein.

(Vertreter des Black Metal sind u. a.: Bathory [die ersten Alben], Dimmu Borgir, Venom, Waldwind, Immortal [Ausnahme die ersten zwei EPs], Gorgoroth, Belphegor, Black Massiah [die ersten Alben], Andras [die ersten Alben], Darkthrone, Managarm, Celtic Frost, Der Weg Einer Freiheit, Dornenreich, Behemoth, Imperium Dekadenz, Endstille, Mayhem, Burzum, Watain, Naglfar u.v.m.)

1.2.9 Pagan Metal/Viking Metal

Aus dem Black Metal heraus entstanden die zwei nachfolgend beschriebenen Genres, nämlich der Pagan sowie der Viking Metal. Aufgrund der vielen Gemeinsamkeiten beider Spielrichtungen werden diese hier in einem Genre zusammengefasst.
Mitte der 80er Jahre entwickelten sich langsam die ersten Pagan und Viking Metal-Bands. Die Bedeutung „Pagan", zu Deutsch „heidnisch", weist bereits auf die vordergründige Thematisierung der Tex-

te von Pagan-Bands hin. Bei den Viking-Bands werden die Wikinger sowie deren Schlachten, nordische Mythen und Gottheiten etc. textlich behandelt. Der Fantasie der Bands wird in diesem Genre freier Lauf gelassen. Die Lyrics innerhalb dieses Themenkreises sind in den meisten Fällen umfangreich und durchdacht. Eine Vielzahl von Black Metal-Bands hat, warum auch immer, einen Genrewechsel betrieben und sich insbesondere dem Pagan Metal zugewandt.
In der Anfangszeit bewegten sich die Pagan- und Viking-Bands sehr nahe an der Spielrichtung des Black Metals, zumal ja, wie schon erwähnt, einige vorher diese Richtung praktiziert hatten. Im Laufe der Zeit hat sich das Klangbild jedoch zu oft sehr melodiösen Refrains entwickelt. Der Gesang findet guttural oder klar, oft auch während eines Songs im Wechsel zwischen beiden Gesangsarten statt. Als Instrumente werden Gitarren, Bass, Schlagzeug und auch Synthesizer eingesetzt. Auch Instrumente der Folklore, meist aus nordischen Ländern, werden verwendet.

Hörvorschlag: Das Album *Sagas* von der Band Equilibrium.

Manche Musiker tragen Gewänder, die ihren Musikstil auch äußerlich darstellen sollen. Der eine oder andere hat auch Farbe im Gesicht, was u. a. als Erkennungsmerkmal dient (**Anschauungsbeispiel**: Auftritte der Band Varg). Bandmitglieder und manche Pagan-/Viking-Fans wickeln sich auch mal ein Fell über den Oberkörper oder setzen sich Hörner auf.

(Vertreter des Pagan Metal-Genres sind u. a. Equilibrium, Moonsorrow, Varg, Andras, Black Messiah [spätere Alben], Riger, Arkona, Eluveitie, Menhir, Wolfchant, Skyforger u.v.m. Vertreter des Viking Metal-Genres sind u. a. Bathory, Enslaved, Ensiferum, Manegarm, Turisas, Tyrfing Heidevolk u.v.m.)

1.2.10 Folk Metal

Im Laufe der 90er Jahre entwickelte sich aus einer Symbiose verschiedenster Metal-Stile der Folk Metal. Die Bands kommen aus vielen verschiedenen Ländern und mischen oft ihre nationale Folklore mit Thrash, Black, Pagan, Power oder anderen Genres. Vielfach wird die nationale Volksmusik auch traditionell beibehalten und nur etwas anders arrangiert. Die Texte werden in der Regel dem Genre und natürlich dem Aussagewillen der Band angepasst. In Skandinavien geht es tendenziell mehr um nordische Sagen, während man in Irland möglicherweise den einen oder anderen „Whisky in the Jar" benutzt. Es wird auch nicht selten in der jeweiligen Landessprache gesungen. An Instrumenten werden die klassischen Metal-Instrumente wie Gitarren, Bass, Schlagzeug, meist auch Synthesizer sowie die Folklore-Instrumente des jeweiligen Landes eingesetzt (Dudelsack, Mundharmonika, Akkordeon etc.).

Hörvorschlag: Die Band Suidakra mit ihrem Album *Auld Lang Syne* oder die Band Skyforger mit ihrem Album *Kurbads*.

Die Bands Korpiklaani, Finntroll und Trollfest spielen eine etwas eigenwillige Variante des Folk Metal und bezeichnen diesen als **Humppa Metal,** in Anlehnung zu dem finnischen Foxtrott-ähnlichen Humppa-Tanz.

Hörprobe: Die Band Korpiklaani mit ihrem Album *Korven Kuningas.*

(Vertreter des Folk Metal-Genres sind u. a. Suidakra, Eluveitie, Skyclad, Metsatöll, Skyforger, Korpiklaani, Finntroll, Trollfest, Tyr, Alestorm u.v.m.)

1.2.11 Death Metal/Melodic Death Metal

Death Metal:

Der Death Metal entstand in etwa Mitte der 80er Jahre. Es gibt in der engeren Definition verschiedene Unterspielarten des Death Metals – wie z. B. Deathgrind, Deathcore oder Technical Death (hier werden die Songstrukturen sehr abwechselnd gestaltet und enthalten einige Elemente aus dem Progressive Metal) – die hier jedoch nicht alle einzeln beschrieben werden sollen. Für weitere Informationen zu diesem Thema wird auf die Wikipedia-Seite „Death Metal" (Unterpunkt: „Subgenres und Strömungen") verwiesen. Auch der Melodic Death Metal soll als eine Differenzierung zum Death angesprochen werden, zumal sich dieser in letzter Zeit augenscheinlich sehr hoher Beliebtheit erfreut.

Zunächst kommen wir jedoch zur „Ursuppe" in die 80er Jahre zurück. Wie schon erwähnt, ist der Death Metal eine Weiterentwicklung des Thrash Metals. Er ist genau wie der Black Metal unter Extremmusik einzuordnen.

Musikalisch werden im Death Metal die Töne heruntergestimmt und teils extrem verzerrt. Die Drum-Beats folgen in schnellen Intervallen und klingen teils einseitig monoton. Die Spielweise findet in verschiedenen Tempi und Rhythmusabständen statt. Der Gesang ist meist guttural und teils schwer verständlich. Im extremen Death Metal sind Keyboards allgemein verpönt, vereinzelt werden sie dennoch eingesetzt. Ansonsten werden die klassischen Metal-Instrumente wie Gitarren, Bass und Schlagzeug benutzt. Die Texte spiegeln bewusst oft eine pessimistische Weltanschauung und eine nekrophile Grundhaltung wider.

Als **Hörbeispiel** sei die Band Entombed mit dem Titel „*Left Hand Path*" genannt.

Melodic Death Metal:
Anfang der 90er Jahre entwickelte sich vornehmlich in Schweden der Melodic Death Metal. Als Mitbegründer wird oft die Band At The Gates genannt. Ihr Album *Slaughter Of The Soul* war wegweisend für die weitere Entwicklung des Genres. Zu den Bands der „ersten Stunde" (diese wurden auch als „Göteborger Kreis" bezeichnet) zählten auch In Flames und Dark Tranquillity. Neben dem gutturalen Gesang werden hier teilweise auch „clean vocals" verwendet. Der Sound klingt teils rau, wird jedoch immer wieder zu einer melodisch harmonischen Einheit zusammengeführt; anders als beim ursprünglichen Death Metal, bei dem die Disharmonie überwiegt. Die Texte sind vielfältig und beziehen sich nicht ausschließlich auf typisierte Death Metal-Themen. Keyboards werden zum Teil eingesetzt, ansonsten stehen Gitarren, Bass und Schlagzeug im Vordergrund.

Als **Hörprobe** kann der Titel „*Deliver Us*" von der Band In Flames angeführt werden.

Wenn man die Hörproben der Bands Entombed und In Flames miteinander vergleicht, erkennt man schon, dass es auch im selben Genre deutliche Unterschiede im Klangbild gibt. Um das Beispiel zu vervollständigen, kann man die Band Children Of Bodom mit dem Titel „*Something Wild*" als weitere **Hörprobe** anführen. Grundsätzlich wird diese Band dem Melodic Death Metal zugerechnet. Gerade bei diesem Titel merkt man, wie an anderer Stelle schon erwähnt, dass eine eindeutige Bestimmung schwierig erscheint, zumal sich der Gitarrist, Alexi Laiho, aufgrund seiner flexiblen Spielweise kaum einordnen lässt.
Dass nicht nur Männer den Growling-Gesang einsetzen, beweisen beispielsweise die Bands Arch Enemy oder Cripper. Hier laufen die Vocals über die Lippen weiblicher Wesen.

Sicht- und **Hörprobe** empfohlen: Beispielsweise die Titel *„No Gods, No Masters"* (Arch Enemy) oder *„Kids Killing Kids"* (Cripper).

(Vertreter des Genres Death Metal sind u. a. Entombed, Cannibal Corpse, Obituary, Unleashed, Benediction, Immolation, Vader, Morbid Angel, Six Feet Under, Death, Carcass, Asphyx, Pestilence, Napalm Death, Bolt Thrower, u.v.m. Vertreter des Genres Melodic Death Metal sind u. a. At the Gates, Insomnium, Amorphis, In Flames, Amon Amarth, Children Of Bodom, Arch Enemy, Wintersun, Soilwork, Cripper, Dark Tranquillity, Scar Symmetry, Hypocrisy u.v.m.)

1.2.12 Doom Metal

Hier handelt es sich bildlich gesprochen um eine düstere, dunkle Spielart, die durch tiefe, schleppende Töne geprägt ist und in das jeweilige Klangbild integriert wird. Von einer Entstehung des Doom Metals kann man schwerlich sprechen, besser ist es, man spricht von einer Entwicklung. Anfang der 80er Jahre spielten Bands wie Trouble oder Pentagram schon diese Musikrichtung, die sich im Laufe der Zeit immer mehr ausprägte und variantenreich gestaltet wurde. In der Musikliteratur wird auch Black Sabbath ansatzweise dieser Musikrichtung zugeordnet. Vermutlich wegen den tiefer gestimmten Gitarren. Allerdings gibt es auch Extremformen des Dooms. Zu nennen ist hier der Drone Doome. Einer seiner Vertreter ist die Band Sunn O))). Der Drone Doome zeichnet sich durch sehr lang gezogene, langsam und tief gespielte Töne aus. Es entfaltet sich eine dunkle musikalische Atmosphäre. Diese Musikrichtung ist allerdings für ganz wenige Ohren kompatibel.

Hörprobe: Sunn O))) mit dem Titel *„Aghartha"*.

Es mischten sich auch hier wieder andere Genres mit dem Doom Metal. Beispielsweise kamen Einflüsse aus dem Gothic, Death oder

Black Metal hinzu. Durch die Vermischung bildeten sich diverse Untergenres heraus. Der Sound wurde im Laufe der Zeit noch schwerfälliger und getragener. Er bewegt sich in gewissen langsamen Rhythmen.

Als **Hörbeispiel** sei hier *The Angel And The Dark River* von der Band My Dying Bride genannt.

Textlich werden Abhandlungen von Liebe, Tod, Schwermut, Ewigkeit etc. gewählt; all die Themen, die mit der langsamen und schwerfälligen Musik harmonieren. Der Gesang im Doom Metal ist eher zurückhaltend. Er wird dem jeweiligen Thema angepasst und umfasst von Frauenstimmen sowie Mehrfachstimmen bis hin zum gutturalen Gesang die gesamte Bandbreite. Oft sind die Songs vordergründig instrumental dargestellt, manchmal findet auch gar kein Gesang statt. An Instrumenten werden neben dem klassischen Metal-Equipment (Gitarren, Bass und Schlagzeug) auch Synthesizer, Orgeln und Violinen benutzt.

(Vertreter des Genres sind u. a. Trouble, Saint Vitus, Pentagram, Candlemass, Cathedral, My Dying Bride, Sunn O))) [Drone Doome] u.v.m.)

1.2.13 Dark Metal

Den Begriff Dark Metal benutzt man meistens dann, wenn man eine Band nicht klar dem Death, Black, Doom oder Gothic Metal (einschließlich der jeweiligen Unterspielarten) zuordnen kann. Man spricht im Umgangston auch von der sogenannten „dunklen Spielweise". Ansonsten gelten die gleichen Bestimmungen wie beim Death, Black, Doom und Gothic Metal.

Hörbeispiel zum Selbsteinordnen: Die Band Agathodaimon mit dem Album *Blacken The Angel.*

(Vertreter des Genres sind u. a. Agathodaimon, Cradle Of Filth, Graveworm, The 69 Eyes, Schwarzer Engel u.v.m.)

1.2.14 Gothic Metal

Der Gothic Metal entstand, wie auch schon bei den Korrelationen Hardrock – NWOBHM oder Progressive Rock – Progressive Metal, aus der Fusion zwischen Gothic Rock und Gothic Metal. Vorläufer in diesem Genre waren insbesondere die Bands Depeche Mode, Sisters Of Mercy oder The Mission aus den 80er Jahren. Auf der anderen Seite kamen Bands wie Tiamat, Moonspell oder Anathema, die den Sound dann Anfang der 90er Jahre in Richtung Gothic Metal bewegten. Auch wurden verstärkt Death und Doom/Dark Metal-Einflüsse eingebracht. Bands der ersten Stunde waren hier beispielsweise Paradise Lost oder end of green.

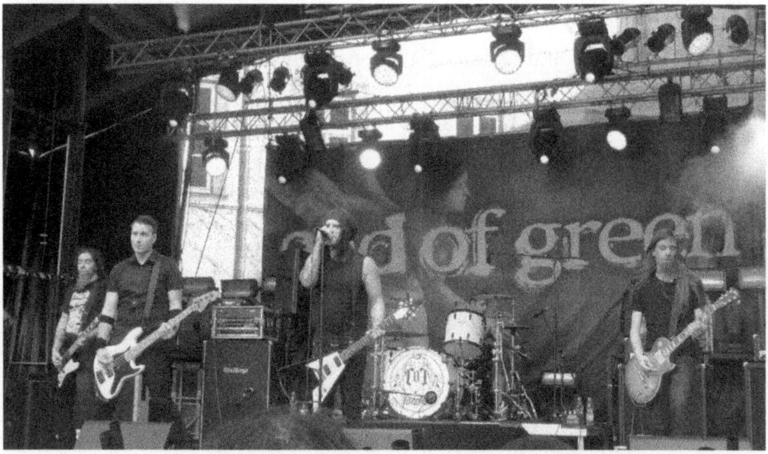

Fotograf: Roland Hesse – Konzert von end of green auf dem Schlosshof Festival 2013 in Höchstadt an der Aisch

Der Gesang ist auch hier sehr umfänglich und erstreckt sich auf die gesamte Bandbreite von Frauenstimmen bis hin zu gutturalem Gesang. Auch instrumental werden neben Gitarren, Bass und Schlagzeug häufig Keyboards, manchmal auch Violinen eingesetzt. Der Sound wird langsam und bedächtig gehalten, zeitweise etwas getragen und monoton. Passagenweise findet ein Tempowechsel statt und der Ausgang entwickelt sich oft melodiös und harmonisch. Die Texte haben oft einen ernsten, manchmal nachdenklichen Hintergrund. Viele Musiker wie auch ein Großteil des Publikums tragen auf den Konzerten typische Gothic-Kleidung. Auf äußere Darstellungsmerkmale der Metal-Freaks wird in der Folge noch eingegangen.

Hörbeispiel: Der Titel „*Angel*" von der Band Type O Negative.

(Vertreter des Genres sind u. a. Anathema, Moonspell, Tiamat, Therion, Paradise Lost, Delain, End Of Green, Type O Negative, Lacrimas Profundere, Sirenia, Lacrimosa, Lake Of Tears, Tristania, Lacuna Coil, ASP, My Dying Bride, Krypteria, Katatonia, Mono Inc., Lord of the Lost, After Forever, Within Temptation, Deathstars, Theatre of Tragedy u.v.m.)

1.2.15 Metalcore

Jetzt kommen wir wieder zu einem Metal-Genre der Kategorie Extremmusik. Der Metalcore setzt sich im Wesentlichen aus Bestandteilen des Punks, des Thrash sowie des NWOBHM zusammen. Metalcore erfreut sich seit dem Jahr 2000 immer größerer Beliebtheit und spricht Fans verschiedener Metal-Genres an.

Anfang der 90er vermischten insbesondere in den USA Bands wie Sick Of It All Punk-Elemente mit Metal. Es entstand der Hardcore Metal. Im Laufe der Zeit entwickelte sich dann der Metalcore der neueren Art. Er zeichnet sich durch aggressive, guttural kreischende Vocals aus. Viele Bands setzen den Gesang variabel ein, d. h. es

findet ein Wechsel zwischen gutturalen und klaren Elementen statt, die meist melodisch abgerundet werden. An Instrumenten werden neben Gitarren, Bass und Schlagzeug manchmal auch Synthesizer eingesetzt. Auffällig sind hier die Doublebass-Salven und die Breakdowns. Die Texte handeln oftmals von Gewalt, aber auch sozialkritische Themen werden verarbeitet. Die Band As I Lay Dying behandelt beispielsweise auch christliche Themen.
Die Hardcore-Bands der sogenannten „alten Schule" spielen verstärkt mit Einflüssen des Hardcore Punks, während die „neue Schule" mehr experimentelle Einflüsse zulässt.

Hörbeispiel: Die Band Killswitch Engage mit Ihrem Titel „*My Last Serenade*".

Neben dem Metalcore existieren auch in diesem Genre weitere Spielarten, die hier kurz Erwähnung finden sollten. Der Deathcore beispielsweise bindet verstärkt „Deathvocals" mit in die Musik ein, während der Grindcore vor allem in einer extrem hohen Geschwindigkeit gespielt wird, aber auch abrupten Tempowechseln unterliegt. Beide Spielarten sind dem Metalcore sehr ähnlich.

Hörbeispiel: Die Band Dying Fetus mit dem Titel „*Homicidal Retribution*".

(Vertreter des Genres Metalcore sind u. a. Sick of it All, Agnostic Front, Callejon, Trivium, D.R.I., Killswitch Engage, Caliban, Heaven Shall Burn, As I Lay Dying, All That Remains, Parkway Drive, Chimaira, Lamb Of God, All That Remains u.v.m. Deathcore spielen u. a. The Agonist, Bring Me The Horizon u.v.m. Grindcore spielen u. a. Dying Fetus, Brutal Truth u. a.)

1.2.16 Grunge

Der Grunge entwickelte sich seit den 70er Jahren und kann als eine Vermengung zwischen Punkrock mit Metal-Elementen bezeichnet werden. Die Spielrichtung wurde damals auch oft als Seattle Rock bezeichnet. Der Begriff Grunge (a. d. Engl. = „Dreck") wurde im Laufe der 90er Jahre zunehmend für diesen Musikstil verwendet. Zu dieser Zeit identifizierten sich die Grunge-Bands nicht mit dem Metal, zumal dieser damals mit dem Glam-Stil, also der „Haarspray-Fraktion", gleichgesetzt wurde. Erst später fand, bedingt durch das Hinzukommen weiterer Metal-Genres, eine geistige Assimilation statt. Die Gitarren werden hier merkwürdig verzerrt. Der Stil wirkt etwas ungestüm und experimentell, manchmal auch sehr komplex. Das Tempo ist eher langsam und schleppend, der Sound melodisch. An Instrumenten werden Gitarren, Bass und Schlagzeug eingesetzt. Die Lyrics im Grunge sind bandspezifisch zu sehen, u. a. werden sozialkritische Texte verwendet. In Bezug auf die Band Nirvana schwanken hier zum Beispiel die Texte zwischen Schwermut und Wahnsinn, wobei der Frontman Kurt Cobain wohl versuchte, viele Inhalte seiner Songs vom Zuhörer interpretieren zu lassen.

Als **Hörbeispiel** sei hier ihr Song „*Rape Me*" angeführt.

(Vertreter diese Genres sind u. a. Alice in Chains, Nirvana, Soundgarden, Pearl Jam u. a.)

1.2.17 Neue Deutsche Härte

Aus dem Hardrock, vermischt mit druckvollem, vortreibendem, riffbetontem Gitarrensound und dem Einsatz von Synthesizern, entstand in den 90er Jahren das Genre Neue Deutsche Härte. An Instrumenten werden neben Gitarren, Bass und Schlagzeug oft Keyboards verwendet. Der Gesang findet in deutscher Sprache statt und klingt hart. Oftmals wird in der Aussprache das „r“ sehr stark betont. Dadurch entsteht eine gewisse martialische Ausdrucksweise. Wesentlich geprägt wurde diese Metal-Richtung von der Band Rammstein, die auch im Ausland großen Erfolg hat. Die Texte sind keinen bestimmten Themen zuzuordnen. Bevorzugt werden meist solche, die den sogenannten „Ausdruck der Stärke“ untermauern, wie Sex, Kraft etc. Auch soziale Themen werden vielfach behandelt.

Hörbeispiel: Die Band Eisbrecher mit ihrem Song *„Schwarze Witwe“*.

(Vertreter dieses Genres sind u. a. Oomph!, Megaherz, Rammstein, Eisbrecher, Stahlmann u.v.m.)

1.2.18 Mittelalter-Rock/-Metal

Der Mittelalter-Rock, der durch den Einsatz von altertümlichen Instrumenten (wie z. B. Sackpfeife, Flöte, Schalmei, Krummhorn, Violine, Drehleier, Dudelsack, Laute) zusammen mit den klassischen Metal Instrumenten erweitert wird, erfreut sich seit etwa Mitte der 90er Jahre immer größerer Beliebtheit. Der Sound vermischt mittelalterliche Melodien, Folk- und Rockelemente. Dadurch entsteht ein interessantes melodisches Klangkonzept. Der Gesang findet traditionsgemäß in Form einer altertümlichen Ausdrucksweise statt. Die Texte sind dem mittelalterlichen Themenkreis entnommen. Hierzu zählen zum Beispiel Aussagen über das Heidentum, Götter, Zwerge, Sagengestalten, verschiedene Mythen etc. Die Musiker treten in der Regel in alten traditionellen Kostümen auf.

Als **Hörbeispiel** kann hier z. B. die Band Vogelfrey mit ihrem Album *Wiegenfest* genannt werden.

(Vertreter dieses Genres sind u. a. Saltatio Mortis, In Extremo, Voglefrey, Rapalje, Subway to Sally, Faun, Corvus Corax u.v.m.)

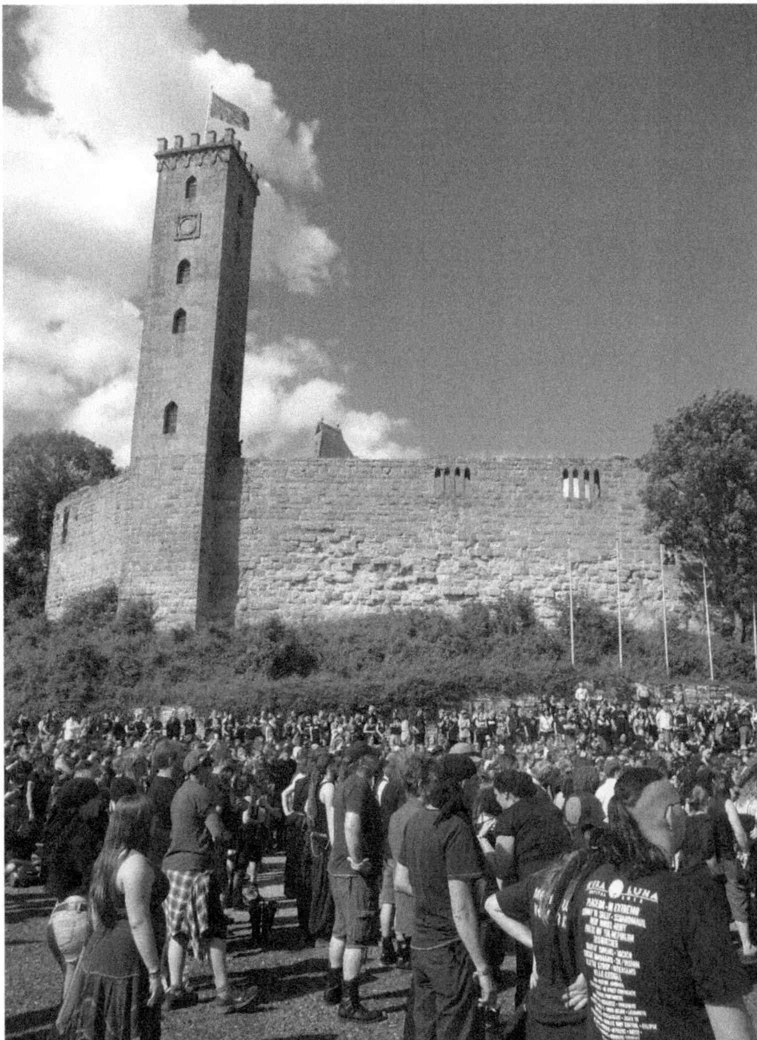

Fotograf: Roland Hesse – Feuertanz Festival 2013 Burg Abenberg

1.2.19 Nu Metal

Diese Stilrichtung ist innerhalb der Metal-Gemeinde sehr umstritten, da bei einigen Bands eine deutliche Hip-Hop-Verwandtschaft hörbar ist und dies für Metaler-Ohren etwas gewöhnungsbedürftig erscheint. Weiter sind neben dem Metal auch Jazz-, Funk- und Punkeinflüsse zu verzeichnen. Der Vollständigkeit halber findet jedoch auch dieses Genre hier Erwähnung.

(Vertreter des Genres sind u. a. Limp Bizkit, Korn, Linkin Park, Papa Roach u.v.m.)

1.3 Die Instrumente im Metal

Wie bereits dargestellt, wird in den diversen Metal-Genres eine Vielzahl verschiedener Instrumente eingesetzt. Die Basisinstrumente bilden jedoch die E-Gitarre, der E-Bass und das Schlagzeug. Hier eine kurze Beschreibung dieser „Handwerkzeuge“:

Die E-Gitarre:
Die E-Gitarre besteht aus einer Kopfplatte, in der die Mechanik verbaut ist, sowie dem Gitarrenhals, auf dem das Griffbrett und die Bundstäbchen befestigt sind. Der Hals verbindet die Kopfplatte mit dem Korpus, der in der Regel aus massivem Holz gefertigt ist. Die E-Gitarrensaiten sind aus Metall, da die Schwingungen über Tonabnehmer reproduziert und durch elektronische Verstärker wiedergegeben werden. Sie werden in der Regel mit einem Plektrum angeschlagen. Einige wenige Gitarristen, wie z. B. der legendäre Doors-Gitarrist Robby Krieger oder Mark Knopfler, zupfen die Seiten auch häufig mit den Fingern. Mit einem Klangregler können die hohen Töne einer E-Gitarre akustisch beschnitten werden. Sie hat dann einen dumpferen Klang. Verfügt die Gitarre über einen soge-

nannten „Jammerhaken“, kann dieser während des Spiels dazu eingesetzt werden, die Töne bewusst zu verstimmen.

Eine E-Gitarre benötigt funktionsbedingt einen Gitarrenverstärker. Als traditionell gilt hier der Röhrenverstärker, der durch bewusst verursachte Übersteuerung, beispielsweise bei Volllast, verzerrte Töne wiedergibt. Es ist auch möglich, separate Verzerrer einzusetzen, mit denen man dann einen ähnlichen Effekt erzielt. Die verzerrten Töne gehören bei den meisten Metal-Genres zum Klangbild.

Einige bekannte Gitarrenhersteller sind u. a. *Gibson*, *Fender* oder *Ibanez*. Ein traditionsreicher Hersteller für Verstärker ist zum Beispiel die Firma *Marshall*.

Metal-Bands spielen neben dem E-Bass mit einer, zwei und in einigen Fällen (wie beispielsweise bei Iron Maiden) mit drei E-Gitarren. Es besteht dann nämlich die Möglichkeit, den Solopart während des Stücks zu wechseln oder zweistimmig zu spielen. Man unterscheidet zwischen der Rhythmus- und der Leadgitarre. Der Leadgitarrist spielt sein Instrument solo, während der Rhythmusgitarrist den begleitenden Part übernimmt.
In diesem Zusammenhang sei noch eine kurze Erläuterung zu dem Begriff „Riff“ zu geben, der insbesondere beim Gitarrenspiel häufig genannt wird. Hier handelt es sich um eine eingängige, in einem Stück wiederkehrende Ton- oder Akkordfolge. Einer der bekanntesten Riffs dürfte im Song „Smoke On The Water“ von Deep Purple zu hören sein. Ein guter Riff sorgt für die sofortige Wiedererkennung eines Songs.

Die E-Bassgitarre:
Auch der E-Bass ist mit einem Tonabnehmersystem bestückt. Die Umwandlung der Schwingungen von angeschlagenen Saiten erfolgt über einen Bassverstärker. Dieses Instrument ist für den unteren Frequenzbereich zuständig und soll dem Song ein ausgeglichenes Klangbild verleihen. Es handelt sich um ein Rhythmusinstrument, das wie das Schlagzeug die Rhythmusgruppe der Band ausmacht.

Der E-Bass besitzt einen längeren Gitarrenhals als die E-Gitarre und ist je nach Anforderung mit vier bis sieben, manchmal mit zwölf Saiten bespannt. Die Saitenfolge ist etwas anders angeordnet als bei der E-Gitarre. Während man bei der E-Gitarre für den Saitenanschlag meist ein Plektrum einsetzt, bedient man den E-Bass neben dem „Plek“ auf vielfältige Weise. Eine beliebte Technik ist das Fingerspiel. Hierbei zupft man die Saiten mit zwei oder drei Fingern. Das sogenannte „Slapping“ wird ebenfalls häufig angewandt. Der Daumen schlägt die Seiten an. Auch eine Kombination zwischen Schlagen und Reißen wird oft praktiziert. Daneben gibt es eine Reihe von weiteren individuellen Spielweisen. Eine interessante Technik kann man auf einer DVD der Band Twisted Sister erkennen, wenn man ihren Bassisten Mark „The Animal“ Mendoza beobachtet.

E-Basshersteller mit Tradition sind beispielsweise *Fender*, *Gibson* oder *Rickenbacker*.

Das Schlagzeug (die Drums):

Das Schlagzeug ist ein Rhythmusinstrument. Hier handelt es sich um eine Anordnung von verschiedenen Schlaginstrumenten, wie die große Trommel, kleine Trommel, Tomtom, Floortom, Becken und Hi-Hat. Das Schlagzeug wird mit den Händen (mit Sticks) und Füßen (über die Fußmaschine) gespielt.

Im Metal wird häufig die Doublebass-Technik eingesetzt. Hierbei werden entweder zwei Basstrommeln oder eine Doppelfußmaschine verwendet. Durch schnelle Trittfolgen lassen sich extrem hohe Geschwindigkeiten im Schlagzeugspiel erreichen.

Bekannte Schlagzeughersteller sind u. a. *Ludwig* und *Sonor*.

1.4 Wer hört was?

Es folgen unbewiesene Aussagen, Axiome. Was für den Physiker Materie ist, ist für den Metaler **seine Musik**! Für die meisten Metal-Begeisterten ist der alltägliche Sound ebenso wichtig wie die tägliche Nahrungsaufnahme.

Wer hört eigentlich Metal?

Grundsätzlich erscheint die Antwort einfach: Jeder, dem dieser Sound gefällt. Diese einwertige Aussage dürfte zwar auch Gültigkeit für manch andere Musikrichtung haben, für Metal ist jedoch eine differenziertere Betrachtungsweise erforderlich. Die Musik bildet hier quasi den Dreh- und Angelpunkt. Von Bedeutung ist die Tatsache, dass diejenigen, die Metal verinnerlicht haben, diesen meist als Lebenseinstellung betrachten. Hierzu wird in **Kapitel 3** noch Einiges anzumerken sein.
Wie bereits dargestellt, erlebten Rock und Metal eine jahrzehntelange Entwicklung. In keiner anderen Musikart blieben die Fans der Szene so intensiv zugehörig. Dadurch, dass immer wieder neue Metal-Interessierte hinzukamen und hinzukommen, entwickelt sich eine breite Altersstruktur. Auf diversen Konzerten und auf Metal-Festivals sind vom 16- bis zum 70-jährigen Metal-Freak alle Altersklassen vertreten. Analog zum Publikum verhält es sich auch mit den Musikern.

Hier präsentieren Bands, deren Protagonisten (gefühlt) gerade erst laufen gelernt haben, bis hin zu denjenigen, von denen man glaubt, man müsse ihnen höflichkeitshalber einen Stuhl reichen, ihre Musik. Manche Bands ziehen mehr die Aufmerksamkeit des jüngeren Publikums auf sich, andere begeistern überwiegend die Älteren. Vereinzelt erlebt man es, dass generationsübergreifend - vom Enkel bis zum Großvater - Konzerte und Festivals besucht werden.

Welche Metal-Genres werden in welcher Altersklasse gehört?

Um dieser Frage nachzugehen, hat sich der Verfasser dieses Buches im Laufe des Jahres 2012 auf Konzerten verschiedenster Genres, auf Festivals oder in der Metal-Börse von Metal-Freaks und Musikern einen **Fragebogen** ausfüllen lassen (spontan, durch sofortige Beantwortung der Fragen), der nach der **Auswertung** folgende Ergebnisse lieferte, die natürlich nur bedingt repräsentativ sein können. **209** Metal-Heads haben bei der Umfrage mitgemacht, davon **29** „Metal-Ladies" und **180** „Metal-Gents".

Die Frage nach den derzeit favorisierten Spielrichtungen wurde von dem Personenkreis folgendermaßen beantwortet (es konnten dabei auch mehrere Genres genannt werden):

Von den unter 20-Jährigen (36 Befragte):

55% Death, Melodic Death	*40% Pagan*	*37% Thrash*

Von den über 20- bis 29-Jährigen (84 Befragte):

57% Death, Melodic Death	*43% Black*	*36% Thrash*

Von den über 30- bis 39-Jährigen (51 Befragte):

67% Death, Melodic Death	*45% Black*	*43% Thrash*

Von den über 40- bis 49-Jährigen (27 Befragte):

52% Death, Melodic Death	*52% Old School*	*37% Metalcore*

Von den über 50-Jährigen (11 Befragte):

64% Pagan	*45% Death, Melodic Death*	*27% Old School*

(Gewertet wurden die drei am häufigsten genannten Genres pro Altersgruppe)

Interessant ist die Erkenntnis, dass in der Momentbetrachtung bei fast allen Altersgruppen der Death Metal eine favorisierte Stellung einnimmt. Hier nochmals der Hinweis, dass es sich hierbei um kein repräsentatives Ergebnis handelt, und sich in der Regel der Geschmack im Laufe der Zeit wandeln kann.

Es sei noch erwähnt, dass es im Metal auch „Extremisten" gibt, die puristisch ihre Begeisterung nur in eine Richtung entwickeln. Fast alle Metal-Heads, die an der Umfrage teilgenommen haben, nannten jedoch mehrere Genres, die sie gerne hören. Nicht wenige sind den meisten Spielarten mit unterschiedlicher Gewichtung zugeneigt.

Deutlich in der Metal-Minderheit sind die weiblichen Fans, wobei es hier nicht einmal darauf ankommt, welches Metal-Genre angesprochen wird. Bei Live-Auftritten einiger Bands aus dem Epic und Gothic Metal ist der Frauenanteil etwas höher, jedoch auch hier in einem Konzert vermutlich nicht wesentlich über 20%. Unterstellt man, dass die Geschmacksorientierung hinsichtlich der Musik gerade wegen der breiten musikalischen Ausrichtung des Metals bei interessierten Frauen grundsätzlich vorhanden ist, gibt es wohl Ursachen, warum das weibliche Geschlecht in Konzerten oder auf Metal-Festivals nur in geringer Anzahl vertreten ist. Diese dürften in erster Linie historisch geschuldet sein. Die Rockmusik bzw. der Metal war seit jeher eine Männerdomäne. Dies zeigt die Symbolik in der Außendarstellung (martialisches Auftreten, Kraft) und auch die Musik selbst, die in vielen Fällen das „Urwüchsige“ in Gesang und Text verkörpert. Diese Parts übernahmen (man muss schon fast sagen naturgemäß) in den meisten Fällen die Männer. Ausnahmen sind bei den Musikerinnen durchaus vorhanden, beispielsweise durch Bands wie Warlock (später Doro), Lita Ford, Girlschool u.v.m., die bereits seit Anfang der 80er Jahre ihren Rock/Metal spielten. In den letzten Jahren konnte man beobachten, dass immer mehr Musikerinnen in der Metal-Szene Fuß fassten. So befinden sich im Epic Metal, beispielsweise bei Evanescence, Nightwish, sogar im Death Metal, bei Arch Enemy oder Cripper, allesamt Frontfrauen auf der Bühne. Dass auf Festivals die Frauen in der Unterzahl bleiben, ist auch damit zu erklären, dass einige Mädels ungern mit dem Zelt unterwegs sind, sich mit Dixie-Klos begnügen und auf diverse Annehmlichkeiten verzichten müssen. Die Frauen, die jedoch alles, was zu einem Metal-Fest gehört, auf sich nehmen, haben den Metal wohl auch mehrheitlich verinnerlicht.

Metal wird laut gespielt und laut gehört. Die Band Manowar nimmt für sich in Anspruch, den „lautesten Gig ever“ gespielt zu haben, gemessen mit 139 Dezibel auf dem *Magic Circle Festival* in Bad Aroldsen. Auf dem *Wacken Open Air Festival* soll der Lautstärkepegel in der Spitze angeblich einmal 120 Dezibel erreicht haben. Die Hi-Fi-Anlage eines Metal-Fans ist permanent auf Volllast ausgerichtet, da der Lautstärkeregler in Normalstellung auf Rechtsanschlag steht. Zu diesem Thema passt der T-Shirt-Aufdruck „Meine Nachbarn hören Metal, ob sie wollen oder nicht“.

1.5 Auseinandersetzung mit der Musik und den textlichen Inhalten im Metal

1.5.1 Einige inhaltliche Betrachtungen

Wie man sich vorstellen kann, beschäftigen sich verschiedene Leute mit den Inhalten diverser Songs im Metal (auch in wissenschaftlichen Arbeiten). Primär konzentriert sich das Interesse der Textanalysten meist auf die Bands, die Inhalte wie Religion, Gewalt, Tod, Gesellschaftskritik u.ä. thematisieren.
Sachliche Rezensionen sind wichtig und auch für die Bands wünschenswert, da sie nicht selten zur Verkaufsförderung des Albums (oder auch nicht) beitragen.
Unqualifiziert wird es allerdings dann, wenn „der Textanalyst“ pauschal feststellt, dass Metal eine aggressive Musik beinhaltet und viele Texte u.a. satanistisch, sexistisch und gewaltverherrlichend sind. Wenn er darüber hinaus noch zu der Erkenntnis kommt, dass diese Musik „ein Werk des Teufels“ sein muss, wird es dem Metalfan, für den diese Aussagen nicht neu sein dürften, bestenfalls ein müdes Lächeln abringen.
Niemand wird behaupten können und wollen, dass es im Metal nur „jugendfreie“ Inhalte gibt, ganz im Gegenteil. Man sollte jedoch betrachten, was hinter einer Aussage steht. Auch gibt es Texte, über die in der Metalszene kontrovers diskutiert wird. Warum auch nicht? Gerade eine objektive, kritische Auseinandersetzung mit den Themen ist im Metal und **gerade da** gewollt und **gewünscht**.

Damit man einen Eindruck darüber gewinnt, wie ein Songtext im Metal aussehen kann, sind in der Folge Lyricsvorschläge (zum Hören oder Lesen) sowie solche mit kurzen Anmerkungen dargestellt. Nehmen wir zunächst einmal beispielhaft den Song mit dem Titel *„Krebskolonie“* aus dem gleichnamigen *Album* der Band *Eisregen* (Dark Metal).

Gemäß Entscheidung Nr. 5191 vom 7.8.2003 der Bundesprüfstelle für jugendgefährdende Medien
wurde beschlossen, die CD *„Krebskolonie“* der Dark Metal Band *Eisregen* in Teil B der Liste der jugendgefährdenden Medien einzutragen.
Die CD *„Krebskolonie“* war antragsgemäß zu indizieren, auch wegen Verrohung und zur Gewalttätigkeit anreizender bzw. wegen kannibalistischer (festgestellt in dem Song Nr. 2 der CD *„Krebskolonie“*), Frauen verachtender und nekrophiler Praktiken.
Daraus folgt, dass die Inhalte dieses Tonträgers **Jugendlichen nicht zugänglich** gemacht und der Text des Songs „Krebskolonie“ auch hier nicht explizit wiedergegeben werden darf.

In dem Song „Krebskolonie“ berichtet der Erzähler von einem Virus, der über den Ozean kommt und sich innerhalb von drei Jahren so verbreitet, dass ganze Landstriche entvölkert werden. Leichenberge werden in „Krebskolonien“ zusammengetragen. Der Protagonist wandert nachts an den Toten vorbei, auf die sich der Nebel legt. Der Wind bringt den Verwesungsgeruch mit sich.
Es gibt nicht mehr viele Menschen, die nicht infiziert sind und täglich werden es mehr, die sich anstecken.
In der Folge entdeckt der Erzähler selbst die Symptome des Virus an sich (der Virus gleicht in der Darstellung einer Krebserkrankung). Er geht freiwillig in die Kolonie, da er sich zu diesem Schritt nicht zwingen lassen will. Seine Mitmenschen und der Erzähler selbst erleben, wie die Körper langsam schwinden und er selbst lieber sterben würde, als weiter zu metastasieren. Durch das faulende Fleisch sind bereits seine Knochen sichtbar. Er möchte sterben und kann nicht.
Er ernährt sich in seiner Not von den Toten.
Da der Protagonist seinen nahen Tod kommen sieht, tötet er eine Wache, schießt um sich und bringt sich am Ende selbst um.

Nehmen wir vergleichsweise einmal den Expressionisten *Gottfried Benn* mit seinem Gedicht *Mann und Frau gehen durch die Krebsbaracke* (1912). Dieses Werk des bedeutenden Lyrikers der Moderne ist auch ein wichtiges Werk für die deutsche Germanistik.
Daraus folgt, dass sich manch **Jugendlicher** im Rahmen seines Deutschunterrichts mit dem Inhalt dieses Gedichts **auseinandersetzen muss!**

Der Dichter lässt in der Handlung seinen Protagonisten, einen Arzt, zusammen mit seiner Begleiterin durch ein Krankenhaus, dass einer Baracke gleicht, gehen.
Die Menschen in ihren Betten, die eher als Insassen beschrieben werden, sind in Reihen eingeteilt und leiden alle an Krebs.

In der ersten Reihe findet man „zerfallene Schöße" und „zerfallene Brust". Der Leichengeruch ist so stark, dass die Schwestern stündlich wechseln müssen.
Der Arzt hebt eine Decke (vermutlich ein Leichentuch) auf, um seiner Begleiterin die Klumpen von Fett und die faulen Säfte zu zeigen, die den Leichnam und insbesondere sein Geschlechtsteil bereits entstellt haben.

Bei einer Patientin, die an Brustkrebs leidet, weist er auf eine Narbe an der Brust hin und lässt seine Begleiterin einen Rosenkranz an weichen Knoten tasten. (In diesem Zusammenhang kann vermutet werden, dass der Dichter einen Bezug zu Gott, mit der Fragestellung „warum hilfst Du hier nicht" herstellen wollte).

In einem anderen Fall verblutet gerade eine Frau und einer weiteren wurde noch vor dem Tod ein Kind aus dem metastasierten Leib geschnitten.

Die Patienten befinden sich teils im Todesschlaf, wohl unter dem Einfluss starker Medikamente, zumindest außerhalb der Besuchszeiten.

Den Patienten, die neu hinzukommen, erzählt man, dass es sich hier um einen Gesundheitsschlaf handelt.

Die Menschen, die auf ihren Tod warten, sind in einem schlechten Zustand (wunde Rücken, wenig Nahrung, Fliegen kreisen).
Das Personal kümmert sich kaum um die Kranken.

In der letzten Strophe weist der Dichter auf die Hoffnungslosigkeit der Krankheit hin und endet damit, dass vor dem Tod der Mensch nochmals seine Körperflüssigkeit verliert, bevor er dann zu Erde wird.

Empfehlenswert ist, sich das Gedicht – *Mann und Frau gehen durch die Krebsbaracke* – einmal anzusehen. Es ist in dem Gedichtband von Gottfried Benn, „Morgue" (ist der Name des Pariser Leichenschauhauses), enthalten.

Sowohl der Verfasser des Gedichtes *„Mann und Frau gehen durch die Krebsbaracke"* als auch der Texter des Songs *„Krebskolonie"* wollen bzw. wollten mittels ihrer Darstellungen möglicherweise kritisch auf Zustände in unserer Gesellschaft hinweisen.
In dem Gedicht wie auch in der Lyrics von „Krebskolonie" werden die soziale Distanz, der Werteverfall, die Ausgrenzung von Minderheiten und die Geringschätzigkeit des Menschen hervorgehoben.
Es soll hier keinerlei Beurteilung hinsichtlich der ethischen Ausrichtungen dieser beiden Abhandlungen getroffen werden. Eine Wertung ist ja auch immer von der jeweiligen Interpretation des Betrachters abhängig.
Derjenige, der sich jedoch intensiver mit den Inhalten dieser beiden Werke befasst, wird vielleicht die rohen Darstellungsweisen anders interpretieren, als derjenige, der an einer oberflächlichen Betrachtung der Texte hängen bleibt.
Manche Songschreiber gehen eben im Rahmen ihrer Ausdrucksweise bewusst an die Grenze dessen, was nach der allgemeinen Anschau-

ung für erträglich angesehen wird und machen dies auch bewusst provokativ, um die Hörer aufzurütteln, teilweise auch um Missstände in der Gesellschaft anzusprechen, und dies gilt wohl nicht nur für Musiker, wie man an vorstehendem Beispiel ersehen kann.

Die Texte im Metal sind sehr heterogen, das bedeutet, dass grundsätzlich alle erdenklichen Themenbereiche verwendet werden. Sie können inhaltlich manchmal radikal in der Aussage sein, manchmal emotional oder auch sachbezogen, je nachdem, was der Songschreiber der Band zum Ausdruck bringen möchte.
Die Lyrics richten sich nicht zuletzt auch oft nach der Stilrichtung, die eine Band repräsentiert.
Es würde ja auch etwas merkwürdig anmuten, wenn eine Death Metalband von Junikäfern singt.

Hier einige Beispiele zu Themen, die im Metal vorzufinden sind, wobei anzumerken ist, dass die Themenbegriffe nichts über die Inhalte aussagen. Um sich eine Meinung zu bilden, ist es in jedem Fall erforderlich, die Lyrics zu lesen oder zu hören. Folgende Themenkreise sind häufig im Metal vorzufinden: Sozialkritik, Tod, emotionale Texte, lustige Abhandlungen, epische Werke, Phantasie, persönliche Erfahrungen der Songschreiber, okkulte, nihilistische oder satanistische Themen, Gewalt und Horror, Erzählungen aus der Mythologie und Sagenwelt, Religion, philosophische, geschichtliche oder literarische Abhandlungen.
Im Einzelnen wurden die inhaltsspezifischen Schwerpunkte unter der Beschreibung der verschiedenen Metalstilrichtungen bereits unter **1.2.1 - 1.2.19** erwähnt.
An dieser Stelle einige themenbezogenen **Hörvorschläge**:

Metallica: (Thrash)
Titel: „*ONE*“ (Antikrieg)

Sepultura:	(Thrash)	
	Album:	*Chaos A.D.* (Sozialkritik)
Megadeth:	(Thrash)	
	Album:	*Rust In Peace* (Sozialkritik)
Six Feet Under:	(Death)	
	Titel:	*America The Brutal* (Antikrieg)
Unleashed:	(Death)	
	Titel:	*The Triumph of Genocide* (Politik)
Behemoth:	(Black)	
	Album:	*Demigod* (Mythologie)
Runnig Wild	(Power)	
	Titel:	*Little Big Horn* (Geschichte)
J.B.O.	(Fun)	
	Titel:	*Ich Liebe Dir* (Spaß)
Obscura	(Technical Death)	
	Album:	*Cosmogenesis* (Philosophie)
Saltatio Mortis	(Mittelalter)	
	Titel:	*Manus Manum Lavat* (Sozialkritik)
		oderWachstum Über Alles (Sozialkritik)
Dream Theater	(Progressive)	
	Album:	*Metropolis Part 2*
		Scenes From A Memory (Phantasie)

Saxon (NWOBHM)
Titel: *Crusader* (Religion)

Gamma Ray (Power)
Titel: *Heavy Metal Universe* (Emotion)

Heaven Shall Burn (Metalcore)
Titel: *Combat* (Antikrieg)

Das Soundbild im Metal wird von nicht Metalinteressierten oftmals als rau, ohne eingängige Melodie, atonal usw. betrachtet. Viele Songs verfügen jedoch über ein durchaus harmonisches Klangbild.
Es erscheint als sehr wahrscheinlich, dass eine ganze Reihe von den Leuten, die sich mit der Musik des Metals noch nicht befasst haben, im positiven Sinne überrascht sein dürften, was da, je nach Kompatibilität zwischen persönlichem Geschmack und dem geeigneten Metalgenre, aus dem Lautsprecher kommt.

Einige Bands, insbesondere aus dem Genre des Black Metals verarbeiten das Thema „Satan" in ihren Songs.
Aufgrund einer gegebenenfalls provokativ vorgetragenen Kritik gegen Kirche und Teile der Gesellschaft, die manchmal auch in religiöse Gefühle eingreifen kann, zum Beispiel in Form einer satanistischen Außendarstellung, dürfte für streng gläubige Menschen kaum Raum für Verständnis vorhanden sein. Dadurch entwickelt sich natürlich ein Spannungsfeld. Den Bands im Allgemeinen jedoch eine satanistische Gesinnung zu unterstellen, erscheint etwas zu kurz gedacht, selbst wenn einige Texte und Bühnendarstellungen für manche Leute hart an der Verträglichkeitsgrenze angekommen sind.
Zu den Themen Metal und Religion sowie Satanismus und Metal erfolgen weitere Ausführungen unter **6.** und **7.**

Dass man Kirchenkritik auch ohne das Thema „Satan" äußern kann, beweist die Dark Metal Band
Nachtblut mit dem Song *Bußsakrament* aus dem Album Dogma.
Der nachfolgende Text wurde dem CD-Booklet der Band aus dem Album *Dogma* entnommen:

Ich läute die Glocken in meinem Kirchenturm. Ich säe den Wind, doch wer anderes erntet Sturm.
Blinde Schafe zu meinem Gottesdienst einlade. Doch alles nur Fassade.

Der Spiegel meines Amtes ließ eine Lust in mir gedeihen. In Gottes Namen junge Knaben wider Willen von Keuschheit zu befreien. Den mir zugeteilten Boden Gottes für meine Zwecke zu entweihen.
Ich breche mein Zölibat, Gott sieht, doch schweigt und niemand hört sie weinen.

Ich hole sie zu mir, wenn in Dunkelheit getränkt das Firmament. Liebe meinen Nächsten, wie's geschrieben steht im Neuen Testament. Ich bin der Stellvertreter Gottes, sein Sprachrohr, seine rechte Hand auf Erden. Doch für fromme Bibelschüler bin ich Alptraum, bin ich Horror, bin Verderben.

Ich gewinne sein Vertrauen mit meinem heiligen Schein. Ich lad ihn zu mir ein auf etwas Brot und ein Glas Wein.

Als ganz besonderes Ritual leg die Hostie in seinen Mund und tu die Botschaft Jesu Christi auf diese Weise kund. Ich bin der Leib Christi und dies sein letztes Abendmahl. Er versucht, vom Glauben abzufallen, doch ich lass ihm keine Wahl.

Jesus Christus ist für uns – er ist für uns – gestorben. So lebe ich mein Leben so als gäbe es kein Morgen.

Ich schließe in mein Nachtgebet alle meine Sünden ein. Wer frei von Sünde ist, der werfe den ersten Stein.
Sein oder nicht sein, das ist hier die Frage. Doch Gott ist auf meiner Seite bis ans Ende meiner Tage.

Auch die Band „*Varg*" (Pagan Metal) hat mit ihrem Song „*Was Nicht Darf*" zum selben Thema Stellung bezogen. Der Text wurde dem Album „Guten Tag" entnommen:

Es ist ein frommer Ort und Sonntags ruft die Pflicht. Die Kindlein folgen brav, die Eltern sorgen nicht.
Schließe die Augen, öffne den Mund und empfange mein Gebet.
Die Kindlein fürchten sich. Vor den Händen und dem Blick. Doch Hilfe gibt es nicht und weitersagen darf man`s nicht.
Der Alte hebt den Rock und Gottes Wille hängt herab. Das Kind es weint, der Wille steigt und garstig schaut der Alte drein.
In nomine patris et filii et spiritus sancti.
Die Kindlein reichen sich die Hand und beten zu dem lieben Gott, ob er sie nicht erlösen kann in ihrer ach so bitteren Not.
Doch kein Gehör erfährt das Kind, die frommen Eltern sind zu blind.
Was nicht darf, das kann nicht sein, da hilft kein Flehen und kein Schreien.
Die Jahre ziehen in das Land, das Ungeheuer unerkannt. Doch mit den Kindern wächst der Hass. Aus Blut und Tränen wird ein Pakt.
Wir werden uns formieren, den Grund mit seinem Blut verzieren. Den alten Pfaff in Stücke reißen und brennend in die Hölle schmeißen.
In nomine patris et filii et spiritus sancti … Amen.

Die Texte prangern zum einen den sexuellen Missbrauch von Kindern innerhalb der Katholischen Kirche an und zum anderen die bislang mangelnde Aufklärungsbereitschaft derselben.

Auch wird suggeriert, daß sich manch ein Täter in dem Glauben wiegen darf, an einer weltlichen Strafverfolgung nicht teilnehmen zu müssen, da er sich unter dem Schutz der Kirche sicher fühlen kann.

Zum Thema Gewaltherrschaft veröffentlichte die Band *Megadeth* (Thrash Metal) im Jahr 1992 das Album „*Countdown To Extinction*". Ausgekoppelt wurde die Single „*Symphony Of Destruction*".
Es geht hier um die Diktatoren dieser Welt, die, so sie in die Lage dazu versetzt werden, oft ein gottgleiches Verhalten entwickeln. Durch Machtmissbrauch können sie zerstören und morden. Wie dem Rattenfänger von Hameln, laufen ihnen die Leute nach und damit meist in ihr Verderben. Nur friedvolle Menschen sind auch bereit, dagegen aufzubegehren!

Über den Einsatz von Atomwaffen hat sich beispielsweise die Band Iron Maiden (NWOBHM) Gedanken gemacht:
Der Song *Brighter Than A Thousand Suns* ist aus dem Album „A MATTER OF LIVE AND DEATH".
Das Stück, bei dem der musikalische Ausdruck zusammen mit dem Text eine Einheit bildet, handelt von der ersten Atombombe, die gezündet wurde. Die anwesenden Wissenschaftler haben die Explosion heller als tausend Sonnen beschrieben, sich wohl aber auch nach dem Versuch einer Gewissensprüfung unterzogen. Zudem wird davor gewarnt, dass der Mensch nicht versuchen sollte, wider die Naturgesetze zu handeln.

Nun noch ein Textbeispiel zum Thema Sozialkritik im Metal:
Die Band *Saltatio Mortis* (Mittelalter Rock) hat mit ihrem Song „*Wachstum Über Alles*", der sich auf dem Album „*Das Schwarze IXI*" befindet, genau das ausgedrückt, was viele Menschen berührt!

Getrieben von der Lust am Zuwachs, besoffen von Geschwindigkeit sind Eitelkeit, Wachstum und Ego drei Todsünden uns`rer Zeit.

Grenzenlos ist unser Hunger. Warum werden wir nie satt?
Gnadenlos ist unser Fortschritt, überreizt ist unser Blatt.

Grenzenlos ist unser Hunger. Warum werden wir nie satt?
Blind vor Gier sieht niemand hier, dass jedes Wachstum Grenzen hat.

Wachstum Wachstum über alles, über alles in der Welt.
Danach lasst uns alle streben, bis der letzte Groschen fällt.
Eitelkeit und Gier und Ego sind es was die Welt erhält.
Wachstum, Wachstum über alles, über alles in der Welt.

Wie Pestilenz und Ungeziefer vermehrt sich unser Geld vom Zins.
Stillstand heißt Tod – alles muss wachsen, wie die Marge des Gewinns.

Gnadenlos wächst alles weiter, steckt die ganze Welt in Brand!
Lasst uns über Leichen gehen, Aug´um Aug´ und Hand um Hand!
Gnadenlos wächst diese Plage bis ans Ende dieses Wegs.
Auch in dir wächst das Geschwür, denn wildes Wachstum heißt auch Krebs.

Bestechlichkeit und Geiz und Zinsen sind des Geldes Unterpfand -
wachs´ im Glanze uns´res Goldes, wachse lieber Kontostand!

Unser gesamtes Sozialgefüge droht durch das Fehlverhalten einzelner Individuen und ihrer Machenschaften in Schieflage zu geraten. Durch egoistische Handlungsweisen und das oftmalige Ausnutzen von Lobbyinteressen zählt für diese Leute nur die Gewinnmaximierung in kurzer Zeit.
Leider oftmals auch auf dem Rücken derjenigen Menschen, die es durch ihre rechtschaffene Arbeit schwer haben, ihren Lebensunterhalt zu bestreiten.

Der Songtext ist durch die Melodie des Deutschlandliedes unterlegt. Es wird auf diese Weise verdeutlicht, dass gerade auch bei uns im Lande die soziale Entwicklung einen unschönen Verlauf nehmen könnte, wenn man nichts dagegen tut.
Wie die Band auch im Rahmen ihrer Liveauftritte betont, können diejenigen, die der Ansicht sind, den Song gerade wegen der teilweisen Vertonung durch die Deutsche Nationalhymne, für politisch rechtsextreme Ideologien missbrauchen zu können, dieses Ansinnen gleich wieder vergessen.

Sicherlich stehen der künstlerischen Freiheit in Deutschland, unter die auch der Text eines Songs fällt, die Grenzen entgegen, die der Gesetzgeber aufzeigt, wenn das Album oder der Titel beispielsweise jugendgefährdende Inhalte aufweist.
Grundsätzlich gilt Artikel 5 des Grundgesetzes der Bundesrepublik Deutschland. Jeder Mensch hat demnach das Recht, seine Meinung in Wort, Schrift und Bild frei zu äußern und zu verbreiten.
Niemand muss sich demnach einer Zensur unterziehen, soweit er in diesem Zusammenhang nicht gegen geltendes Recht verstößt.
Es kam in der Vergangenheit immer wieder vor, das Cover Artworks oder Songtexte zensiert wurden. Ob nach individueller Auffassung zu Recht oder Unrecht, sei dahingestellt und kann an dieser Stelle nicht bewertet werden.
Hier ein Beispiel:
Im Jahr 1994 wurde ein Beschlagnahmebeschluss gegen den Tonträger *Butchered at Birth*, das dazugehörige Cover Artwork sowie gegen das in diesem Zusammenhang stehende Werbematerial der Death Metal Band *Cannibal Corpse* wegen Verstosses gegen § 131 StGB erwirkt.
Dieses und einige weitere Alben der Band wurden in der Bundesrepublik indiziert. In verschiedenen anderen Ländern hatte die Band Auftrittsverbot.

Dennoch oder vielleicht gerade deswegen dürfte die Stückzahl der verkauften Tonträger von Cannibal Corpse im Millionenbereich liegen.

Manche Plattenfirmen haben sich seit Mitte der 80er Jahre eine freiwillige Selbstverpflichtung auferlegt, wonach die Tonträger, die vermeintlich jugendgefährdenden Inhalt enthalten, mit einem Aufkleber versehen werden.
Die Aufschrift lautet: PARENTAL ADVISORY – EXPLICIT LYRICS.
Der Selbstverpflichtung voraus ging eine in den USA gestartete Initiative, die dem Ziel dienen sollte, Inhalte, an denen die Jugend Schaden nehmen könnte, besonders zu kennzeichnen.
Welche Tonträger allerdings mit dem Aufkleber versehen werden, bleibt der Musikindustrie selbst überlassen.
Der Aufkleber erfüllt sicherlich seinen Zweck, wenn auch vielleicht nicht den ursprünglich angedachten.
Wenn der Aufdruck gerade auf Metal CDs oder Schallplatten heute noch bewusst auffällt, dient er bestenfalls der Verkaufsförderung des Labels, zumal die Inhalte für die Käufer dann möglicherweise besonders beachtenswert sind.
Letztendlich kann ja auch immer noch der Konsument der Musik oder des Videos entscheiden, was er hören oder sehen will.

Leider gibt es aber auch Leute, wenn auch wenige, die versuchen, den Metal für ihre ideologische Grundausrichtung zu missbrauchen. Hierzu gehört beispielsweise die Verbreitung von rechtsradikalem Liedgut.
Bands, die sich dieser Szene (NSBM = Nationalsozialistischer Black Metal) widmen, sind meist im Untergrund tätig. Sie spielen unter Gleichgesinnten und treten selten in der Öffentlichkeit auf, da sie zum einen mit dem Gesetz in Konflikt kommen könnten und zum anderen bei der großen Mehrheit der Metaler **nicht erwünscht** sind.

Diese ablehnende Haltung wird meist auch durch diverse Festivalveranstalter deutlich artikuliert. So ist beispielsweise in dem Programmheft des Beastivals ausdrücklich dokumentiert, dass ein striktes Verbot für das zur Schau stellen von Nazi-Motiven oder für das Abspielen von Tonträgern mit Nazi-Background herrscht.
„Wer da auffällt, kann seine Sachen packen und nach Hause fahren!"

Es dürfte auch einmal berechtigt sein, eine andere Sichtweise (Hörweise) wiederzugeben, nämlich die, dass die Musik des Metals viele Hörer, und meist hören ja nur die diese Musik, die sie auch gerne mögen, unheimlich positiv inspiriert.
Musik ist nicht nur hörbar, sondern auch fühlbar, sei es durch musikalisch veranlagte Eigenschaften des jeweiligen Hörers, durch textliche Ausgestaltung der Songs, die Anlass zu weiterführenden Gedanken oder Gefühlen geben, oder durch die jeweilige Umgebung, die emotional auf den Menschen einwirkt. Durch Ton und Klang ergeben sich Wirkungen auf Körper und Seele.
Diese Darstellung von Musik passt auf den ersten Eindruck hin vielleicht besser in das Weltbild eines Romantikers, jedoch lässt sich die Beschreibung wohl auch auf einen großen Teil der Metalgemeinde projizieren. Für den Metalbegeisterten ist die Musik zweifelsohne ein wichtiger
Baustein in seinem Gefühlsleben!
Der passende Song, zu jeder Stimmungslage (ob kraftvoll oder emotional), ist jedoch mit Sicherheit im Plattenschrank vorhanden und über die Texte wird er sich Gedanken machen oder auch nicht.

Der Musikbedarf des Metalfreaks wird oft durch das Abspielen von Tonträgern oder den Einsatz von digitaler Technik befriedigt. Sehr viel schwieriger wird es schon, wenn die Musik aus dem guten alten Radio ertönen soll. Der Metaler empfindet den Output vieler Sender als „Anschlag auf seine Gesundheit" und spürt meist ein körperliches Unbehagen, sollte er versehentlich auf den Programmwahl-

schalter drücken. Es ertönt dann bedauerlicherweise auf fast allen Sendern irgendein Mainstream, der vom Metalhead als Kommerzmusik empfunden wird und diesen findet er in der Regel zum ... gar nicht schön.
Ein Lichtblick ist das Internet oder das digitale Radio. Hier entdeckt man, wenn man Glück hat, den einen oder anderen Sender, der Erbarmen mit dem Metalvolk hat und die Mucke über den Äther oder das Kabel laufen lässt.
Im digitalen Fernsehen gibt es auf IM1 zeitweise Metal im Programm.
In seltenen Fällen sieht man beispielsweise bei 3sat an besonderen Tagen alte Mitschnitte von Rock-Livekonzerten. Der Rock/Metalfan freut sich ja schon über kleine Gesten.
Von einigen Programmstationen, zum Beispiel ZDF Kultur, werden neuerdings während des Festivals Live-Mitschnitte vom Wacken Open Air gesendet.

Da es sich im Metal meist um Extremmusik und dadurch um ein Nischenprodukt handelt, bleiben die Produktionen dem allgemeinen Publikum meist vorenthalten, es sei denn, man kauft sich die Tonträger, lädt sie aus dem Internet , hört Internetradio oder besucht Live-Konzerte.
Die große Mehrheit der Musikkonsumenten hört Mainstream, der „meist medial aufgezwungenen Geschmacksmustern unterliegt und in der Regel fremdbestimmt produziert wird. Aber wem es gefällt! Warum nicht ?

Obwohl die Metalbands aus den unterschiedlichsten Ländern stammen, ist die textliche Gestaltung der Songs in den meisten Fällen in englischer Sprache gehalten. Dies ist teils historisch begründet, teils auch der Harmonie der Sprache geschuldet, die in die Songs recht gut eingepasst werden kann. Zudem ist die englische Sprache im Metal eine Art Umgangssprache.

Man kann so die Texte der Songs verstehen, sich mit den Bandmitgliedern und ihrer Crew unterhalten oder gerade auf großen internationalen Festivals Konversation mit andern Metalern aus den verschiedensten Ländern betreiben.
Es gibt jedoch auch eine Reihe von Bands, die ihre Texte in ihrer Landessprache schreiben.
Dies macht beispielsweise im Folk Metal Sinn, da sich der Inhalt der Songs thematisch oft an traditionelle Hintergründe des Landes anlehnt, aus dem die Band stammt.
Auch in anderen Metalgenres kommt es vor, dass die Lyrics der Songs in der jeweiligen
Landessprache der Bandmitglieder abgefasst werden.

1.5.2 Solidarität mit den Bands und Ansprüche an die Musik

Die Anforderung an die Qualität der Musik und die entsprechenden Texte im Metal sind seitens der Bands sowie auch der Fans sehr hoch angesiedelt.
Manches Mal wird die Frage diskutiert, ob die Band live oder auf dem Tonträger besser „rüber kommt".
Livekonzerte müssen dem Publikum authentisch dargebracht werden. Playback ist verpönt. Einspieler sind aus technischer Sicht geduldet, jedoch nur, wenn unbedingt notwendig.
Wünschenswert sind Auftritte in Hallen, in denen eine gute Akustik vorhanden ist, wobei der Mischer die Bands meistens erst nach dem zweiten oder dritten Song richtig „eingefangen" hat.
Das liegt vor allem daran, dass die Sounderfassung während der Proben bei leerer Halle erfolgt und sich die Akustik in einer vollen Halle verändert.
Bei Konzerten werden die Bands neben ihrer Performance auch nach der Länge des Gigs sowie ihrer Publikumsnähe gemessen.

Eine Besonderheit im Genre Metal ist, dass die Fans absolut loyal zu den Bands stehen. Gerade in Europa und insbesondere in Deutschland ist die Solidarität sehr hoch. Dies wird auch immer wieder von Bandmitgliedern mit Dank an die Metalgemeinde ausgesprochen.

Umgekehrt revanchieren sich viele Bands durch ihre Produktionen und eine entsprechende Anzahl an Konzerten (auch auf kleineren Bühnen) sowie dem Erscheinen auf diversen Festivals.
Da die Bandmitglieder ja einen Teil der Metalgemeinde darstellen, besteht meist ohnehin persönlicher Kontakt zu den Metalheads.

Zu diesem Thema eine kurze Anekdote:

Es ereignete sich im Jahre 2009 auf dem Festival „Wacken Rocks South“ in Rieden/Kreuth.
Der Metalfan kam zufällig zu einem Soundcheck der Band *Suidakra* hinzu und fragte den Frontman *Arkadius Antonik,* ob er ein Plektrum von ihm für seine Sammlung bekomme.
Dieser antwortete ja, Voraussetzung sei allerdings, dass sich der Metaler während des Konzertes in der ersten Reihe befinde.
Natürlich stand er in der ersten Reihe!
Der Metalfan stellte sich nun allerdings die Frage, wie der Frontman der Band sein Versprechen wahrmachen würde, zumal man sich ja nicht kannte und die Begegnung nur kurz stattgefunden hat.
Es geschah folgendes:
Nach dem Gig ging *Arkadius Antonik* von der Bühne und schüttelte einigen Fans in der ersten Reihe die Hand. Beim Metalfan lag ein Plektrum in den Fingern.
That´s Metal!!!!!!!!!!!!

Bedingt durch die vielen artverwandten Genres des Metals, findet man auch andere Musikinteressierte, wie beispielsweise Gothic Fans oder Punker, auf einschlägigen Konzerten.
Dies dürfte einerseits an ähnlich wie im Metal angesiedelten Geschmacksmustern im Soundbereich liegen und zum anderen an Subkulturkreisen, die dem des Metals ähnlich sind. Es liegt die Vermutung nahe, dass man sich auch im Kreise der Metalgemeinde wohl fühlt.

Da Metal mitunter auch Einflüssen aus anderen Musikrichtungen unterliegt, kommt es vor, dass einige Metalfans nicht abgeneigt sind, auch diese hin und wieder zu hören.

So haben in dem Fragebogen beispielsweise 34% von den 208 Befragten geantwortet, dass sie auch gerne Blues hören. Die meisten haben gleich eine Reihe von Blues-Interpreten mit aufgeführt.

Auf Nachfrage sagten einige Metaler, dass sie manchmal klassische Musik hören würden, dann allerdings meistens nur instrumental.
Dass Metal und die klassische Musik in geeigneten Fällen sehr gut harmonieren, kann man durch folgende **Hörbeispiele** unterlegen:

1. *Dimmu Borgir & Kork – Black Metal mit Orchester – Songs aus dem Album Abrahadabra und einige ältere Songs wurden Live in Oslo aufgenommen.*
2. *Rage zusammen mit dem Prager Symphonie Orchester, das Album„Lingua Mortis“ aus dem Jahr 1996*
3. *Yngwie Malmsteen mit dem Album Rising Force*
4. *Apocalyptica mit ihrem Album 7th Symohonie*
5. *Haggard sämtliche bisher erschienen Alben*
6. *Rhapsody Debütalbum „Legendary Tales“*

   u.v.m.

Die Toleranz zu anderen Musikrichtungen, die mit Metal überhaupt keine Gemeinsamkeiten haben, hält sich unter den Metalfans zwar in Grenzen, ist im allgemeinen jedoch vorhanden, auch wenn die meisten Metaler mit Hip-Hop, Rap, Techno, „Radiomusik“, Disco Dance, Schlager usw. überhaupt nichts anfangen können.
Gäbe es noch eine mittelalterliche Folter, die den Hörzwang vorgenannter Musik beinhaltet, und die Alternative wäre Blasmusik, würde der Metaler sich höchstwahrscheinlich für die Blasmusik entscheiden (nicht so ernst gemeint - aber sehr wahrscheinlich).

Ansonsten liegt es nahe, dass der Metaler sich lieber innerhalb seiner eigenen Genres aufhält.
Hier ist genug Material für die Ohren und die („schwarze“) Seele vorhanden.

1.5.3 Backmasking

Zum Thema „schwarze Seele“ hier noch etwas, dass vor allem in den 80er Jahren bei manchen Leuten für Erregung, bei anderen für Aufheiterung sorgte, nämlich dem sogenannten „Backmasking“.
Es gibt die technische Möglichkeit, Rückwärtsbotschaften (Backmasking) auf einem Tonträger zu platzieren. Es handelt sich hier um Texte, die man beispielsweise auf einer CD rückwärts abspeichern kann. Beim Abspielen in rückwärtiger Richtung würde man dann die darauf gesprochene Botschaft hören (*Beispiel: „Satan lässt grüßen!!!“ oder etwas Ähnliches*).
Die Rückwärtsbotschaften waren bereits Thema in den 60er Jahren, als die Tonbandgeräte neben der Vinylschallpatte ihren Einsatz fanden. Man hat einfach das Vinyl gegen die Laufrichtung gedreht oder auf Tonband überspielt und rückwärts abgehört. Beim Backmasking handelt sich keineswegs um ein Phänomen aus dem Bereich Metal. Auch Musiker anderer Musikrichtungen fanden es spannend, da-

mit zu arbeiten. Man konnte vor allem einiges in diese Botschaften hinein interpretieren **lassen**. Meist ist es schwer, überhaupt Textzusammenhänge beim rückwärts Abspielen zu erkennen, vor allem zu verstehen.

Manchmal erkennt man ja auch vielleicht etwas, dass überhaupt nicht vorhanden ist. Leidtragender in so einem Fall war die Band *„Judas Priest"*. Ihr Song *„Beyond The Realms Of Death"* enthielt angeblich eine Rückwärtsbotschaft (*Better by you, better than me…* **do it**), die zum Selbstmord auffordern sollte, so jedenfalls die Behauptung. Diese Schallplatte lag nämlich auf dem Plattenspieler, als sich ein Teenager in den 80er Jahren das Leben nahm. Vor Gericht wurde die Band allerdings freigesprochen, da der Vorwurf des Backmaskings sich hier als völlig haltlos erwies.

Grundsätzlich ist davon auszugehen, dass die Leute, die das Liedgut einer Band hören wollen, in der Regel ihren Tonträger in normaler Laufrichtung bewegen. Zur Verbreitung von irgendwelchen Informationen, welcher Art auch immer, gibt es heutzutage meistens andere mediale Möglichkeiten.

Wenn jemand meint, eine Botschaft durch Backmasking vermitteln zu müssen und es im Rahmen der Legalität geschieht, dient diese Aktion bestenfalls der Verkaufsförderung.

2. Szene

2.1 Entstehung und Weiterentwicklung der Metal-Szene

Ein Erklärungsversuch:

Reisen wir gedanklich zunächst einmal in die Vergangenheit, sprich in die 60er Jahre zurück. Die musikalische Revolution in den USA und in weiten Teilen Europas war in vollem Gange. Bob Dylan, Joan Baez, Crosby, Stills & Nash, die Rolling Stones, die Beatles, John Mayall, Elvis Presley und Co. zogen die junge Generation in ihren Bann. Es bildete sich neben der bereits existierenden Blues-, Jazz- und Soul-, die Beat- und Rock'n'Roll-Szene heraus. Eine Vielzahl der Interpreten und Bands waren damals in Großbritannien und den USA beheimatet. Nicht zuletzt wegen der vorherrschenden sozialen Ungerechtigkeiten entstanden in diesen Ländern politische Unruhen. Mit Protestbewegungen, die oft von Studenten angeführt wurden, machten sie ihrem Ärger Luft. Es entstand die sogenannte Hippie-Szene. Da viele Blues- und Rockmusiker die Rebellion mit ihren Protestsongs (z. B. gegen den Vietnamkrieg oder die Unterdrückung von Minderheiten) und durch eine entsprechende Grundhaltung unterstützten, fusionierten die Szene-Mitglieder mit ihren Idolen zu einer „Bruder- und Schwesternschaft im Geiste". Die Hippies opponierten mit ihrer Protesthaltung auch gegen sogenannte „Spießerschaften" und das „ewig Althergebrachte". Um dieser Haltung Ausdruck zu verleihen, eignete sich Musik in hervorragender Weise.

Die Hippie-Bewegung und andere Protestaktivisten verbreiteten sich auch in Europa. Menschen, die nicht mehr alles akzeptieren wollten, was ihnen aufgezwungen wurde, machten durch ihren kreativen Ungehorsam auf sich aufmerksam. Es bildeten sich opponierende Gruppen heraus, die bewusst anders sein wollten, sei es durch ihre

Einstellung oder durch ihr Aussehen (lange Haare, Batikhemden, Schlaghosen, Jeans, Sandalen etc.). Auch hier rebellierte vor allem die Jugend. Der „Generationskampf" führte dazu, dass allmählich eine liberalere Grundhaltung gegenüber der jüngeren Generation und andersdenkenden Menschen eintrat. Da Musik schon immer eine hohe Ausdruckskraft besaß, benutzte mancher Jugendliche diese als Mittel zum Zweck. Hardrock wurde beispielsweise zum Leidwesen der Eltern immer öfter sehr laut gehört. Dadurch gab es immer wieder „fundierte" Diskussionen über „gute" und „schlechte" Musik.

In den 70er Jahren wurde der Musikmarkt von der sogenannten Pop-Musik überschwemmt. Diejenigen, die sich nicht auf irgendwelche Diskussionen über Musikgeschmack einlassen oder der Kommerzmusik den Rücken kehren wollten, also sich eine eigene Meinung in Sachen Musikgeschmack bildeten, holten sich Vinyls von Black Sabbath und Co. Die „Hardcore-Musikfans"(Hardcore in diesem Fall im Sinne von Fanatismus) bestellten sich ihre Schallplatten vor allem in England, da die meisten Erstveröffentlichungen dort ein halbes Jahr früher erschienen als in Europa.

Auch die Punkbewegung kam ins Rollen und fand schnell ihre Fans, die vor allem durch ihr Auftreten und ihre Anschauungen den bürgerlichen Klischees von Sitte, Moral und Ordnung widersprachen.

Anfang der 80er Jahre kam für die Hardrock-Fans dann der Durchbruch. In Großbritannien entstand die „New Wave Of British Heavy Metal" (NWOBHM). *Der Rock hatte mit dem Metal fusioniert*!

Viele neue Fans kamen hinzu. Einige „Altrocker" hatten ihren Geschmack jedoch in den 70er Jahren eingefroren und konnten die Neugier am Metal nicht nachvollziehen. Für die Rocker, die sich in Richtung Metal weiterentwickelten, sowie für diejenigen, die sich dem Metal neu zuwandten, entstand eine neue Kultur. Nachdem im Laufe der Zeit viele Metal-Genres entstanden waren und die Musik dadurch an Komplexität gewonnen hatte, wurde auch die Fangemeinde größer. Einige hörten Metal über alle Genres hinweg, andere orientierten sich mehr zu einzelnen Spielarten hin, wie Black oder Death Metal.

In den 90er Jahren wandten sich immer mehr Radiosender fast ausschließlich der Kommerzmusik zu, da die Programmmacher die Erkenntnis gewonnen hatten, dass es mit „Mainstream" viel mehr zu verdienen gab als auf irgendwelchen „Nischenmärkten" der Musikindustrie. Das war wohl auch so. Es wurde kaum mehr Metal gespielt, zumindest nichts, was sich etwas extremer anhörte als gängige Rocknummern. Manche Fachleute sahen den Metal bereits als gescheitert an.
Jedoch weit gefehlt! Die Metaler blieben ihrer Musik treu und gegen Ende der 90er Jahre konnte ein verstärkter Zulauf an neuen Fans festgestellt werden. Daraus resultiert, dass es bis heute kaum eine Musikszene mit einer so heterogenen Altersstruktur und so treuen Mitgliedern gibt wie die Metal-Szene. Wer Metal verinnerlicht hat, ist oft bis zum heutigen Tage kaum mehr davon losgekommen. Dies gilt sowohl für viele Bands als auch für die Metal-Fans.

2.2 Visuelle Darstellung der Szene

In den 80er Jahren war noch die „Kutte" das Kultsymbol eines Rock-Fans. Die an den Ärmeln abgeschnittene Jeansjacke wurde an möglichst vielen freien Stellen mit Bandaufnähern versehen. Die Rückseite war einer vom Kuttenträger favorisierten Band vorbehalten. Hier wurde ein großer Stoffaufnäher angebracht. Manchmal wurde er von Nieten umrahmt. Selbstverständlich wurden die Patches eigenhändig aufgenäht. Die Kutte wurde nur selten gewaschen; insbesondere dann nicht, wenn sie mit Band-Autogrammen versehen war! Selbstverständlich kommt die Kutte auch heute noch zum Einsatz, jedoch ist sie wesentlich seltener geworden. Lederklamotten und Nietengürtel gelten nach wie vor als symbolträchtig.

Heute leitet sich der bevorzugte Kleidungsstil neben dem persönlichen Geschmack vor allem von den Metal-Genres oder den Bands ab, mit denen man sich identifiziert. Es gibt natürlich keine vorgegebene Kleiderordnung, jeder zieht das an, was er will. Traditionell trägt der Metaler jedoch Schwarz, jedenfalls so lange, bis es eine dunklere Farbe gibt!

Bedruckt sind die – natürlich schwarzen – T-Shirts meist beidseitig, entweder mit Bandnamen, Logos oder Tourdaten, manchmal auch mit Festivallogos einschließlich der am Event teilnehmenden Bands. Die Aufdrucke sind in bunten Farben gehalten und weisen auf Aussagen hin, die eine Band vermitteln will. Manchmal entsteht dadurch auch ein provokatives oder martialisches Erscheinungsbild. In seltenen Fällen werden auch Shirts in anderen Farben angezogen. Meist ist dies im Hardcore-Genre festzustellen, bei dem das Outfit etwas von der „Norm" abweicht. So werden hier auch karierte Hemden und Caps getragen. Beim Fun Metal identifizieren sich beispielsweise die Fans der Band J.B.O. durch ihre rosafarbenen T-Shirts, die mit irgendwelchen „lustigen Sprüchen" versehen werden. Death, insbesondere jedoch Black Metal-Bands gestalten ihre Band-Schriftzüge (Logos) sehr individuell. Die Identifizierbarkeit aufgrund des Schriftzuges ist auf den ersten Blick meist nur für Szenekundige möglich, da dieser quasi als Artwork gestaltet ist. Bei einschlägigen Mailorders ist es möglich, auch Hemden und Shirts mit „lustigen Sprüchen" zu bestellen. Viele Metal-Freaks beziehen ihre Shirts allerdings ausschließlich als Andenken oder Sammlerstück auf Konzerten oder Festivals, an denen sie teilgenommen haben. Später sind diese als Tour-Shirt kaum mehr erhältlich. Unter Metalern kann der Bandshirt-Träger in den meisten Fällen anhand seines T-Shirts mit seiner an diesem Tag bevorzugten Metal-Richtung identifiziert werden. Da Metal-Freaks nicht selten Hunderte von Shirts im Schrank liegen haben, ist das Darstellen der Musikrichtung meist nur eine Momentaufnahme.

In der Metal-Szene trägt man in der Regel lange Haare (zum Headbangen unabdingbar). Nicht jedem ist dies jedoch, meist aus biologischen Gründen, möglich. Insbesondere auf Festivals ist das Tragen von Kopftüchern, bedruckt mit Totenköpfen oder Flammen, gerade bei denjenigen, die ihre Haarpracht abgelegt haben, oft zu sehen. Nicht ohne Eigennutz, denn wenn die Sonne vor der Bühne brennt, ist wenigstens das schüttere Haupthaar geschützt. Das Schuhwerk besteht je nach Einsatzgebiet (auf einem Festival ist es manchmal ziemlich matschig) aus festen Lederstiefeln (Springer, Boots etc.), ansonsten aus Schuhen, die bequem sind und etwas aushalten. An Schmuck tragen Frau und Mann beispielsweise Totenköpfe als Ring oder Anhänger, Kreuze, Schwerter, Pentagramme, Thorhammer oder andere Utensilien aus der nordischen Mythologie. Auch Gürtel und Armbänder mit Nietenbesatz sowie Geldbeutelketten gehören zu den Metal-Accessoires. Für manche Metal-Fans ist das Tragen von Armbändchen extrem wichtig, die man während eines Metal-Festivals zur Eintrittsberechtigung erhält. Diese Bänder werden mit einem Metallverschluss fest am Handgelenk angebracht. Sie sind mit dem Festivallogo bedruckt und werden gerne als Erinnerungsstücke am Handgelenk gelassen. Leider ist es bei vielen Metalern aus beruflichen Gründen nicht erlaubt, diese immer zu tragen. Diejenigen, die die Bänder anbehalten können, schneiden sie in der Regel erst ab, wenn sie verschlissen sind. Einige erfinderische Geister nähen die einzelnen Bänder, nachdem sie sie abgeschnitten haben, wieder zusammen und befestigen sie bei Bedarf am Handgelenk oder manchmal auch am gesamten Unterarm. Tätowierungen und Piercings sind bei Frauen wie bei Männern sehr beliebt und häufig anzutreffen. Oft ist ein Bezug zur Musik, zu einer Band oder ein anderes verwandtes Motiv erkennbar.

Die etwas extremeren Outfits:

Hier kann man exemplarisch insbesondere den Black Metal und den Gothic Metal nennen. Befindet man sich auf einem solchen Konzert, kann man manche Männer aus dem Publikum oder auch die Band-Mitglieder zum Teil in langen schwarzen Mänteln auftreten sehen. Ob Mann oder Frau, wesentlich für einen Black-Metaler ist die Farbe Schwarz. Das bedeutet, dass der- oder diejenige mit blonden Haaren zur schwarzen Farbtinktur greifen muss. Alternativ bleibt nur die Glatze. Ein Selbstverständnis bei den True Black-Metalern ist das Schminken, das sogenannte „Corpse Paint" – eine schwarz-weiße Gesichtsbemalung – sowie der Einsatz von Tier- oder Kunstblut. Es soll in der Außendarstellung eine furchteinflößende Wirkung erzielt werden. Meistens ist die Darstellung einer Leiche beabsichtigt, da es im Black Metal ja inhaltlich um Satan in Verbindung mit dem Tod geht.

Anschauungsbeispiele: Die DVD der Band Gorgoroth mit dem Titel *Black Mass Krakow* oder die DVD der Band Immortal mit dem Titel *The Seventh Date Of Blashyrkh.*

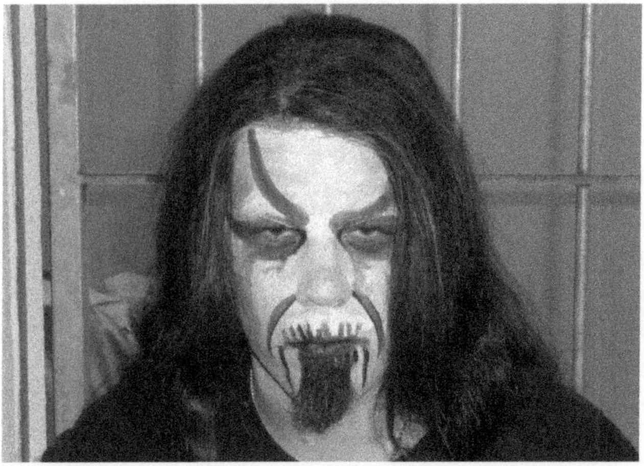

Fotograf: Roland Hesse – Black Metal Fan mit Corpse Paint

Die Männer der Gothic Metal-Szene tragen auch Irokesenschnitte und schminken sich dezent, während die Frauen hohe Stiefel, Korsagen und Korsetts anhaben. Black-Metaler tragen als Schmuck Drudenfüße oder Petruskreuze, Nieten und Patronengürtel sowie Nietenarmbänder. Die Gothic-Metaler tragen häufig religiösen Schmuck. In der Pagan-Szene erscheinen die Männer manchmal in Kilts und mit Wikingerfellen. Das Trinkhorn (selbstverständlich mit Met oder Bier gefüllt) gehört hier ebenso wie beim Mittelalter-Rock/-Metal zur Grundausstattung.

Einschätzung der Szene von außerhalb:

Es gibt Leute, die von der Metal-Szene wenig bis keine Ahnung haben, jedoch zu denen gehören, die meinen, ohne oder mit Halbwissen glänzen zu können. Gerade diese Spezies glaubt, im Stande zu sein, einen Blick auf den Menschen, der ein schwarzes T-Shirt mit Totenkopfaufdruck und möglicherweise auch noch lange Haare trägt, zu werfen, um messerscharf feststellen zu können, dass es sich hierbei um ein sehr suspektes Individuum handelt. Die kritische Beurteilung findet zunächst einmal im Blickfeld des Beurteilers statt. Leute, die sich im Gothic-Stil oder als Black-Metaler kleiden, werden oft nur mit einem Kopfschütteln bedacht. Wie muss es erst einem Mitglied aus der Punker-Szene ergehen, wenn es entdeckt wird? Die Macht der Urteilskraft schlägt nicht selten mit voller Wucht zu, wenn im Kreis des Betrachters noch weitere „Spektatoren" vorhanden sind, die sich gerne wichtigmachen. Da ja in diesem Falle mehrere Beobachter dieselbe Erkenntnis teilen, herrscht oft allgemeiner Konsens im Vorurteil. Hinzu kommen die lautstark artikulierten, populären Aussagen bezüglich Satanismus, ungepflegtem Erscheinungsbild bis hin zu asozialer Ausstrahlung. Dass eine Ableitung vom äußeren Erscheinungsbild auf die sogenannten „inneren Werte" eines Menschen nicht möglich ist, wird einigen Leuten selten bewusst. Aber darum geht es ja meist auch nicht. Das alleinige Setzen eines Stigmas befriedigt den Beurteilenden oft ungemein.

Wie in der Einleitung zu diesem Buch bemerkt, werden Metal und vor allem dessen Fans durch Verallgemeinerungen und Nichtwissen, auch von sogenannten „Fachleuten“, die sich nur oberflächlich mit der Szene befasst haben, oft diffamiert und sogar beschimpft. Man kann in diversen Abhandlungen über Heavy Metal bei dem Versuch einer Szene-Darstellung lesen, dass es sich bei den Metal-Anhängern um sozial auffällige, unintelligente, pubertäre, stinkende ... Zeitgenossen handelt, die hoffentlich alsbald ihre Reifezeit hinter sich lassen und in ein „anständiges“ Leben zurückfinden. Das ist nur ein Beispiel von vielen und soll zunächst unkommentiert stehen bleiben. Am Ende dieses Buches kann sich dann jeder selbst sein Urteil bilden.

Die Menschen, die eine tolerante Einstellung haben, und natürlich jene, die wirklich über die Metal-Szene Bescheid wissen, können den Zusammenhang zwischen äußerer Erscheinung und innerer Einstellung sehr viel besser verstehen und bewerten.
In den letzten Jahren hat sich in der allgemeinen Wahrnehmung der Bevölkerung zum Thema Metal allerdings sehr viel zum Positiven entwickelt. Mit dazu beigetragen haben Beiträge aus der Medienlandschaft, die beispielsweise über das *Wacken Open Air Festival* berichten.

Über ihre Kleidung können Metaler Informationen gewollt nach außen transportieren. Erkennbar ist dies meist nur für Gleichgesinnte (informeller Kommunikationsweg). Beispielsweise: Auf welchem Konzert war ich? Welchen Metal-Stil oder welche Bands mag ich? Etc. Fast alle Menschen sind bei der Auswahl ihrer Kleidung von einzelnen Modetrends oder eigener Geschmacksorientierung abhängig. In der Metal-Szene hat die Fremdbestimmung durch Mode nur wenig Platz. Sehr großen Einfluss haben dagegen einzelne Identifikationsmerkmale. Wie schon erwähnt, gehören hierzu Vorlieben für einzelne Bands oder Erinnerungen an Konzerte und Festivals. Natürlich spielt die Darstellung des Artworks auf dem Kleidungsstück auch eine Rolle, denn auch Metal-Heads haben Geschmack, jedoch für viele einen nicht alltäglichen. Der eine oder andere Leser wird jetzt denken, dass dies ja auch für den Musikgeschmack gilt, womit er wohl nicht ganz unrecht hat, allerdings nur aus seiner Sicht. Das Outfit prägt das **äußere** Erscheinungsbild eines Menschen. Da die meisten Metaler sich in einer Subkultur bewegen (was das bedeutet, wird an späterer Stelle des Buches noch ausführlich beschrieben), dient die Kleidung auch dazu, ein klares Abgrenzungsmerkmal gegenüber bestimmten, subjektiv empfundenen Ungerechtigkeiten in unserer Gesellschaft zu setzen. Protesthaltungen werden auch durch die Beschriftung von T-Shirts lustig, ironisch bis sarkastisch-plakativ transportiert und den Leuten zum Lesen freigegeben.

Beispiel gefällig?
Auf einem T-Shirt steht zu lesen: „Wer mit der Herde geht, kann nur den Ärschen folgen."

Man möchte einfach seine persönliche Lebenseinstellung zum Ausdruck bringen und sich dabei wohlfühlen. Die Kleidung des Metalers drückt auch ein Gruppenzugehörigkeitsgefühl zu Gleichgesinnten aus. Damit derjenige, der mit dem Metal nicht so vertraut ist, ein gewisses Verständnis entwickeln kann (wenn er möchte), wird in **Kapitel 4** näher auf dieses Thema eingegangen.

Einen Hauch von Realsatire hatte das Erlebnis zweier junger Metaler, die zu einem Konzert unterwegs waren: Es kamen ihnen zwei Polizisten entgegen, die wohl stichprobenweise Personenkontrollen durchführten. Einer der Beamten wollte die beiden durchsuchen. In dem Moment sagte der andere zu ihm: „Das sind Metaler (an der

Kleidung erkannt!). Mit Rauschgift haben die normalerweise nichts zu tun, die saufen nur." Beide durften deshalb unbehelligt ihres Weges ziehen.

Zwar ein Klischee, aber ziemlich gut getroffen.

2.3 Kommunikation innerhalb der Szene

2.3.1 Konzerte

Ein Kommunikationspunkt in der Metal-Szene sind Konzerthallen. Je nach Beliebtheit oder Bekanntheitsgrad der Band, und demzufolge nach der Zuschauererwartung, finden die Events in den dafür geeigneten Lokalitäten statt. In München findet beispielsweise eine Vielzahl der Metal-Konzerte derzeit im *Backstage* statt, das in der Location an der Friedenheimer Brücke über drei Hallen in verschiedenen Größen verfügt. Das sogenannte „Werk“ bietet ca. 1200, die Halle ca. 600 und der Club ca. 250 Menschen Platz. Für die Bands, die vor einer größeren Anhängerschaft spielen, stehen Gebäude mit einem Fassungsvermögen von bis zu 5000 Plätzen oder für ganz große Ereignisse Multifunktionshallen mit einer Kapazität von über 10000 Plätzen zur Verfügung. Mega-Events werden in der Regel in Stadien durchgeführt.

Der ideale Treff unter Metalern sind die Konzerte, die im überschaubaren Rahmen stattfinden. So besteht vor der Veranstaltung, während Umbaupausen oder nach dem Konzert die Möglichkeit zur Kommunikation respektive zum Kennenlernen. Hierbei findet bei solchen Events der Kontakt nicht nur unter den Metal-Fans statt, sondern es besteht auch manchmal Gelegenheit, sich mit Mitgliedern der auftretenden Bands zu unterhalten oder irgendwelche Andenken wie z. B. Plektren „abzustauben“. Für die Musiker, die Fannähe suchen, bietet sich die Gelegenheit zur Präsentation und zur Werbung für ihre CDs und Band-T-Shirts. Fast jede Band hat während eines Konzerts einen Merchandising-Stand aufgebaut, an dem man diese Utensilien käuflich erwerben kann. Hierzu sei angemerkt, dass insbesondere Bands, die noch keinen so hohen Bekanntheitsgrad aufweisen, für ihren Auftritt nur wenig Gage bekommen. Der

Verkauf von CDs und T-Shirts stellt ein gewisses Zusatzeinkommen dar, das die Musiker gut gebrauchen können.

Die Bandmitglieder sind oft selbst Zuhörer/Zuschauer bei diversen Konzerten, also selbst Metal-Heads. Da dies die Regel ist, sind sie selbstverständlich ein Teil der Gemeinschaft wie jeder einzelne Metaler auch. Sie besitzen demzufolge auch dieses Lebensgefühl, „ticken also ähnlich". Hierzu mehr in **Kapitel 4**.

2.3.2 Festivals

Beispiel Wacken Open Air WOA:

Besonders in den Frühlings- und Sommermonaten finden die meisten Metal-Festivals statt. Das größte Event dieser Art ist in Deutschland derzeit das *Wacken Open Air Festival.* Hier treffen sich jedes Jahr Anfang August geschätzte 80.000 Metal-Freaks, um ihre Musik zu hören, dem täglichen Alltag zu entfliehen und dabei ihre Gefühle auszuleben. Die Metal-Verrückten campen und feiern fast eine Woche rund um die Uhr auf einem Gelände in der Größe von circa 200 Hektar (auch als „Holy Ground" bezeichnet). Natürlich nur dann, wenn man es schafft, den Bühnen und damit den Bands den Rücken zu kehren. Manche Metaler findet man kaum auf dem Campingplatz, bestenfalls, um etwas zu schlafen, andere jedoch halten die Stimmung auf dem Gelände hoch.

Wacken ist Kult geworden. Die Einwohner des kleinen Dorfes (circa 1500) feiern kräftig mit dem „schwarzen Volk". Auch eine verstärkte Geschäftstüchtigkeit der Wacken-Bewohner ist während der Festivalzeit zu beobachten. Durch den Ort zieht sich eine Hauptstraße, an der insbesondere in den Vorgärten Bier, Nahrungsmittel, Kaffee, Campingartikel etc. angeboten werden. Kultstatus genießt auch der Edeka-Markt in Wacken. Hier findet man lange, schwarze Menschenschlangen, die darauf warten, an die Reihe zu kommen. Diejenigen, die den Markt bepackt mit Bier und anderen für den Metaler nützlichen „Nahrungsmitteln" wieder verlassen, werden am Ausgang oft von Kids aus dem Ort mit dem Angebot empfangen, die Beute des Einkaufs gegen eine kleine Gebühr mit dem Fahrrad und dem dazu gefertigten Anhänger zum Zelt zu kutschieren. Die Offerte wird in den meisten Fällen dankbar angenommen, denn vom Edeka-Markt bis zu dem Zeltstandort kann man im ungünstigen Fall schon mal eine gute Stunde bei strammem Fußmarsch unterwegs sein. Außerdem ist es kaum möglich, den Weg zielgerichtet zu beschreiten. Hierzu gibt es unterwegs zu viele Ablenkungen und Hindernisse, wie zum Beispiel Bierstände oder andere Metaler, die einen zum Verweilen überreden.

In den letzten Jahren spielten während des Veranstaltungszeitraums ungefähr 100 Bands auf drei großen sowie mehreren kleinen Bühnen. Erfreulich ist es, dass auch einige junge, teils noch unbekannte Musiker hier teilnehmen dürfen. Wer eingeladen wird, entscheidet ein nationales Qualifizierungsverfahren, das sogenannte „Metal Battle". Die Sieger aus den jeweiligen Ländern spielen dann auf dem *WOA* um die Entscheidung. Der Gewinner, der von einer Jury gekürt wird, darf sich dann auf einen Plattenvertrag freuen.
Einen weiteren Kultstatus der humorvollen Art genießt inzwischen die Wackener Feuerwehr. Während der ersten Festivaljahre sollte der Auftritt der „Wacken Firefighters" auf dem *WOA* vermutlich als witzige Einlage dienen. Die Feuerwehr-Blaskapelle aus dem Ort spielte sich jedoch im Laufe der Jahre in die Herzen der Metaler, sodass der Auftritt im Festival-Biergarten zur allgemeinen Belustigung des Metal-Volkes ausdrücklich gefordert wird.

Seit der Gründung im Jahr 1990 haben sich auf dem *WOA* einige Rituale entwickelt. So kann man, wenn man möchte, „Alfs Grab" besuchen, auch Helga wird immer noch vermisst, am frühen Morgen gibt es zum Frühstück die druckfrische Wacken-Zeitung und diverse Trinkspiele werden spontan durchgeführt. Immer wieder fällt irgendwem etwas Blödsinniges ein, das zur Belustigung der „Wackianer“ beiträgt. Die Wacken-Erprobten werden wissen, was hiermit gemeint ist. Diejenigen, die noch nicht in Wacken waren und an näheren Informationen zu den vorherigen Aussagen interessiert sind, können ja mal einen Wacken-Gänger um Aufklärung bitten.

Im Vorfeld der Bühnen befinden sich ein Metal-Markt und diverse Verkaufsstände, an denen der Metal-Freak seine Wacken-T-Shirts, Tonträger, Schmuck, Kleidung, Schuhe und vieles mehr erwerben kann. Auf einem weiteren Areal befindet sich ein Mittelaltermarkt, daran angrenzend ein großes Musikzelt. Verpflegungsstände, Duschen und Toiletten sind reichlich vorhanden. Das einzig Unbekannte ist das Wetter. Wenn, wie so oft, Regen, dann Matsch! Es gilt der alte Wacken-Spruch: „See you in Wacken, rain or shine!“ Für die meisten Fans, die nach Wacken „pilgern“, ist dies wohl die schönste Zeit im Jahr.

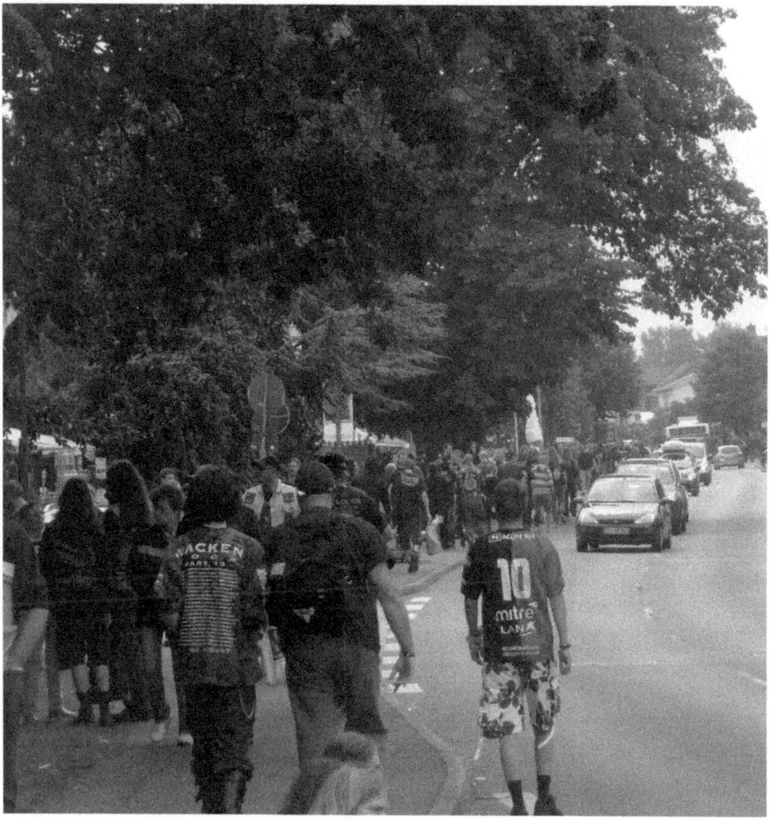

Fotograf: Roland Hesse

Betriebsamkeit im Ort Wacken, während eines WOA Festivals

Weitere Festivals:

Jedes Metal- oder Rock-Festival hat seinen eigenen Charakter. In den letzten Jahren wurde das *Summerbreeze Festival* bei Dinkelsbühl immer größer. Hier treten Bands sämtlicher Metal-Spielarten auf. Dementsprechend bunt durchgemischt ist auch das Publikum. Das *Summerbreeze* wird von einigen Metalern auch „kleines Wacken“ genannt.

Das *Bang Your Head* und das Schwesterfestival R*ock Of Ages* gelten als „familienfreundlich“. Da dort traditionell die älteren „Rocker“ stark vertreten sind, liegt es nahe, dass die Kinder und nicht selten auch die Ehefrauen an dem Geschehen teilnehmen. Es treten dort hauptsächlich Bands der Genres Thrash, Power und Old School Rock/Metal auf. Bands anderer Spielarten sind meist in der Minderheit, sodass sich der Personenkreis in den jeweiligen Geschmacksgrenzen bewegt. Ähnlich gestaltet ist das *Rock Hard Festival* in Gelsenkirchen.

Um ein kleineres Event handelt es sich beim *Rock Am Härtsfeldsee*, das in Dischingen stattfindet. In den letzten Jahren ist es dem Veranstalter immer wieder gelungen, durch durchdachte Bandverpflichtungen ein breites Publikum anzulocken, da für viele Metal-Ohren etwas dabei ist.

Das *With Full Force Festival*, das in der Nähe von Leipzig stattfindet, ist mit Bands aus allen Genres besetzt und erfreut sich von Jahr zu Jahr immer größerer Beliebtheit.

Seit dem Jahr 2004 findet jeweils im Frühjahr das *Ragnarök Festival* in Lichtenfels statt. Hier ist man im Wesentlichen auf Bands der Genres Pagan, Viking und Black Metal spezialisiert.

Es gibt in Deutschland noch eine ganze Menge weiterer Metal- und Rock-Festivals, die an dieser Stelle nicht alle genannt werden können, jedoch im Internet ersichtlich sind. In den vergangenen Jahren konnte man feststellen, dass neue Festivals dazukamen, andere dafür wiederum verschwanden. Manche Metal-Fans besuchen auch gerne Mittelalter-Festivals, auf denen diverse Bands dieses Genres spielen. Sie finden verstärkt im Herbst eines Jahres statt. Grundsätzlich ist es empfehlenswert, sich frühzeitig ein Ticket zu sichern, da manche Veranstaltungen sehr gut besucht und unter Umständen ausverkauft sind. Auch in anderen Ländern finden diverse Metal-Events statt, die man idealerweise auch mit einem Urlaub verbinden kann.

2.3.3 Metal-Schiffe

Eine relativ neue Geschäftsidee stieß bei einigen Metal-Fans auf reges Interesse. Unter den Bezeichnungen „70.000 Tons Of Metal", „Full Metal Cruise" oder „Barge To Hell" stachen Passagierschiffe in See. Mit an Bord Metal-Heads und Metal-Bands. Gerüchteweise befand sich auf den Schiffen neben dem Schweröltank ein ebenso großer Behälter mit Bier. Bandmembers wie auch die Metal-Freaks waren zum großen Teil von der Kreuzfahrt begeistert. Besonders hervorgehoben wurde der unmittelbare Kontakt zwischen den Bands und den Fans.

2.3.4 Metal-Kneipen

Metal-Kneipen dienen als Treffpunkt der Metal-Fans und sind ideal zur Kommunikation untereinander geeignet. In Metal-Bars treffen sich Metal-Freaks, um nach Feierabend oder am Wochenende ein paar Bierchen oder andere Getränke zu sich zu nehmen und natürlich einen regen Gedankenaustausch zu betreiben. Meist erfährt man eine Menge News aus der Szene. Für guten Metal, der aus einer Musikanlage dringt, sorgt meist der Frontman der Kneipe und stellt das Soundprogramm zusammen. Idealerweise berücksichtigt er auch manchmal Sonderwünsche seiner Gäste. Bei einem Besuch in so einer Szene-Bar kann es passieren, dass die Tür aufgeht und ein bekanntes Mitglied einer Metal-Band zu einem Smalltalk vorbeischaut. Die Adressen der Metal-Bars sind meist im Internet hinterlegt.

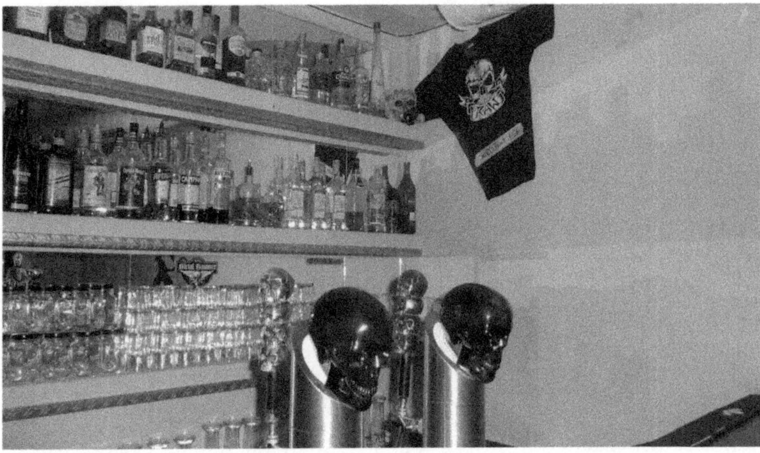

Fotograf: Roland Hesse – Das RAW, eine Metal-Bar in München

2.3.5 Metal-Partys

Die öffentlichen Metal-Partys werden meistens in größeren Clubs oder Event-Hallen veranstaltet. Es wird auf Flyern oder im Internet dafür geworben. Sie finden zu bestimmten Terminen statt, da die Location meist auch andere Musikarten bedient. Zu diesen Veranstaltungen kommen beobachtungsgemäß nicht nur Metaler, sondern auch anderes, an der Musik interessiertes Publikum. Die Scheiben werden meist per Hand aufgelegt, manchmal auch unter Zuhilfenahme eines PCs. Partys sind ebenfalls ein sehr guter Kommunikationsort, um sich zu treffen, sich gegenseitig auszutauschen und gemeinsam zu feiern. Auch bietet sich hier die Möglichkeit, den Alltagsstress für ein paar Stunden zu vergessen.

2.3.6 Metal-Börse

Treffpunkt Metal-Börse! Hier veranstaltet „Die Metal-Börse“ (Veranstalter firmiert gleichnamig) zu bestimmten Terminen im Jahr, meist in Hallen, in denen sonst Konzerte stattfinden, die Metal-Börse. Händler mieten hier Stände an und verkaufen ihre Waren. Man kann dort neben neuen und gebrauchten Vinyls und CDs, die von Rock über alle Metal-Spielarten hinweg reichen, auch Kleidung, Pages, Schmuck und weitere Accessoires finden. Einige Metaler verhalten sich hier wie Sammler und Jäger. Die Jagd des Metal-Freaks bezieht sich auf Musikneuerscheinungen, seltene Stücke, Musik der favorisierten Bands, vielleicht auch auf Tonträger, die er gerne hätte, und es gibt für ihn wohl noch viele andere Beweggründe, etwas zu erwerben. Hat er es dann erbeutet, gibt er es nur selten wieder her, also ist er auch ein Sammler!

Auffällig ist auch, dass viele Metal-Fans die alten Plattendreher und demzufolge ihr Vinyl lieben. Auch die neuen Bands respektive ihre Labels werden deshalb „genötigt“, die Songs auf Vinyl pressen zu lassen. Die Nachfrage insbesondere nach der Erstpressung ist ungebrochen. Um den Verkauf zu forcieren, limitieren manche Labels die Auflage bei den kleineren Gruppen auf meist 500 oder 1000 Stück. Der Hang zur guten alten Schallplatte hat vermutlich mehrere Ursachen. Wie schon erwähnt, gibt es bei den Metalern eine große Bandbreite zwischen Alt und Jung. Die ältere Generation ist teilweise noch ausschließlich mit Vinyl aufgewachsen und welcher Metal-Freak trennt sich im Normalfall von den wunderbaren Scheiben? Eine Schallplatte beinhaltet neben der sehr guten Soundqualität ja oft auch eine Menge an Erinnerungen aus früheren Zeiten. Manches Plattencover ist ja auch ein kleines Kunstwerk, das man immer wieder gerne anschaut. So wurde auch die junge Generation von den guten alten Scheiben begeistert und gibt diese wiederum an andere Metaler weiter. Natürlich braucht man das, was man auf Vinyl besitzt, nochmals auf CD zum „Schnell-Mal-Anhören". Und die Datensicherung erfolgt selbstverständlich in Form von MP3.

Die Metal-Börse ist ein idealer Treffpunkt für das Metal-Volk. Beginn ist meist am Spätvormittag. Eine Bar, an der es Frühstück gibt, ist vorhanden. Auch das Bier ist schon gut gekühlt, sodass diejenigen, die noch eine Anlaufzeit brauchen, bevor sie ihre Köpfe in die Schallplatten oder CD-Kisten stecken, noch Zeit für ein geselliges Beisammensein haben. Da sich die Umgebung meist als sehr relaxed darstellt, ist Zeit für ausgiebige „Fachgespräche" und zum gegenseitigen Kennenlernen vorhanden.

2.3.7 Metal-Märkte

Die Metal-Märkte sind in der Regel den Festivals angegliedert. Sie finden dort in Nähe des Eingangsbereiches zur jeweiligen Veranstaltung statt. Auch hier gibt es Tonträger, Kleidung, Schmuck etc. zu kaufen. Es kann insbesondere vor oder nach dem Konzert sowie in den Umbaupausen die Zeit zum Einkaufen und für angeregte Unterhaltungen genutzt werden.

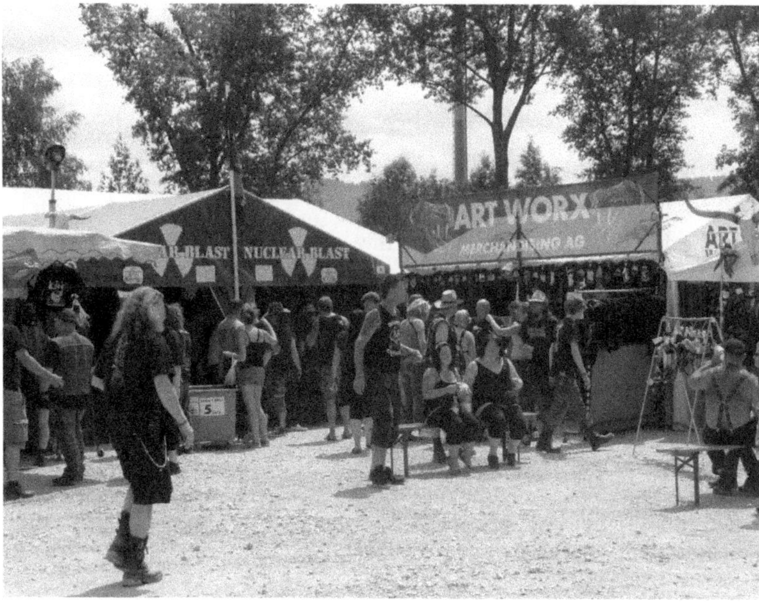

Fotograf: Roland Hesse – Verkaufsstände auf dem Metalmarkt des Bang Your Head Festivals in Balingen 2013

2.3.8 Autogrammstunden der Bands

Im Rahmen eines Festivals werden vom Veranstalter, zusammen mit den Bands, Autogrammstunden für das Metal-Volk durchgeführt. Der Fan kann neben den Autogrammen, die er sich auf Autogrammkarten der Bands (sind meist vor Ort vorhanden) geben lassen kann, auch mitgebrachte Fotos oder Tonträger signieren lassen. Es ist meist auch möglich, ein paar Worte mit den Bandmitgliedern zu wechseln oder sich mit diesen fotografieren zu lassen. Manchmal gesellen sich Bandmitglieder nach einem Konzert noch an die Bar und trinken zusammen mit den Konzertbesuchern das eine oder andere Bier. Hierbei entwickeln sich oft interessante Gespräche. Auch kann man immer wieder Musiker im Publikum als Zuhörer entdecken, die den Klängen anderer Bands lauschen und somit die „Seite wechseln".

2.3.9 Labels, Metal-Magazine, Fanzines und Metal im Internet

Wichtig für Newcomer-Bands ist das Label, also die Plattenfirma, bei der die Musiker unter Vertrag genommen werden können. Voraussetzung ist eine erfolgreiche Bewerbung, die in der Regel durch die Übersendung von Demoaufnahmen an die Plattenfirma in die Wege geleitet wird. In seltenen Fällen werden Bands auch auf Livekonzerten entdeckt. Klappt der Vertrag mit dem Label, geht es zunächst darum, das Finanzbudget mit der Band abzuklären. Es werden in der Regel die Produktion der Tonträger, die Konzerte bzw. Tourneen, Werbung (Plakate, Anzeigen, Flyer etc.) vorfinanziert. Weiter müssen die Bands promotet werden, d. h. es sind Tourneen, Konzerte, Festivalteilnahmen etc. zu organisieren. Die Songs werden mit entsprechender Qualität in einem geeigneten Studio abgemischt und aufgenommen. Entscheidend für den Absatzerfolg ist auch die Nutzung der Vertriebskanäle, über die ein Label verfügt. Dies alles verursacht Anlaufkosten, die von den Musikern zu Beginn ihrer Karriere kaum alleine gestemmt werden können. Deshalb werden sie in der Regel durch die Plattenfirma vorfinanziert. Die Bands verpflichten sich im Gegenzug zur Zusammenarbeit mit dem Label auf bestimmte Zeit, wobei hierzu in der Regel die Produktion und Veröffentlichung der Songs gemeint ist. Die Plattenfirmen partizipieren u. a. an dem Verkauf der Tonträger. Da Kommerz und Metal in der Anschauung der Fans keinesfalls zusammenpassen, spricht man öffentlich ungern über die monetäre Seite. Klar ist aber auch, dass Bands und Labels ihr Einkommen benötigen, um zu leben und erfolgreich tätig sein zu können. Einige Labels verfügen über ein eigenes Vertriebssystem, über das die Tonträger der Bands, aber auch Konzert- und Festivaltickets sowie diverse Merchandisingartikel abgesetzt werden können.

Beispielhaft kann hier die Firma *Nuclear Blast* aufgeführt werden. Weitere bekannte Mailorders in Deutschland ist die Firma *EMP* sowie die Metal-Börse *Mailorder*.

Hier einige bekannte Labels, die sich auf Metal spezialisiert haben:

1. Nuclear Blast (aus Deutschland, Donzdorf, seit 1987)
2. Century Media (aus Deutschland, Dortmund, seit 1988)
3. Napalm Records (aus Österreich, Eisenerz, seit 1992)
4. Erache Records (aus Großbritannien, Nottingham, seit 1985)
5. Metal Blade Records (aus den USA, Los Angeles, seit 1981)

Werbeträger sind in der Regel das Internet sowie Kataloge. Auch Plakate und Flyer sind denkbar.

Zur Informationsverbreitung dienen neben dem Internet die einschlägigen Metal-Zeitschriften wie zum Beispiel Metal Hammer, *Rock-Hard*, *Heavy* oder *Legacy* und für Gothic-Fans gibt es das *Orkus* und das *Sonic Seducer*-Magazin. An dieser Stelle können nur einige Zeitschriften aufgeführt werden.

Neben der bekannten Lektüre gibt es, wenn auch nicht mehr so häufig, sogenannte Fanzines. Das sind Eigenproduktionen von Zeitungen, meist Kopien oder Eigendrucke, von Fans für Fans. Neben Interviews mit Bandmitgliedern findet der Metaler in den Magazinen Informationen über Bands, Bandgeschichten, Leserforen, diverse Termine (Konzerte, Festivals etc.), Konzert- und Festivalberichte, CD-Reviews, Veröffentlichungen, Redaktionsanmerkungen u.v.m.

Die meisten Informationen können dem Internet entlockt werden. Neben aktuellen News über Bands und Festivals kann sich der Metal-Fan Hörproben „reinziehen“ oder Songs herunterladen. Festival- oder Konzertveranstalter geben Termine und teilnehmende Bands bekannt. Die großen Festivals verfügen alle über ihre eigene Website. Hier können allgemeine Aussagen und aktuelle Informationen über das Festival, auf der Wacken-Seite auch Informationen und Fotos über den aktuellen Stand während des Festivalaufbaus, eingesehen werden. Die Labels bzw. Mailorders bieten über das Netz Tonträger und Metal-Utensilien an. Auch über Ebay werden gebrauchte und neue Artikel verkauft, die der Metal-Fan benötigt. Nicht zu vergessen die sozialen Netzwerke, über die aktuelle Informationen über Veranstaltungen direkt angezeigt oder „Metal-News" weitergegeben werden. Zum Transportieren von Informationen an ihre Fans unterhalten fast alle Bands eigene Websites.

Der Metaler ist im Allgemeinen kein Freund von Vereinsmeierei. Vereinzelt werden jedoch Metal-Vereine zu dem Zweck gegründet, das Miteinander unter Gleichgesinnten zu fördern. Dies kann beispielsweise durch geselliges Zusammentreffen, gemeinsame Teilnahme an Konzerten und Festivals oder auch durch das Organisieren von Metal-Partys geschehen. Es gibt Metal-Vereine, die es sich zum Ziel setzen, Bands zu fördern. Andere veranstalten Konzerte und Festivals.

2.4 Rituale im Metal – Ausdrucksweisen

2.4.1 Das Teufelszeichen (Satansgruß)

Unter Metalern (in jedem Metal-Genre) verbreitet und ein visueller Ausdruck von Zusammengehörigkeit ist der Teufelsgruß. Aus einer Faust heraus werden Zeigefinger und kleiner Finger ausgestreckt. Ob man sich kennt oder nicht, unter Metalern ist dieser Gruß üblich und als eine nette Geste gedacht. Auch die Musiker grüßen so die Fans und umgekehrt. Auf Konzerten oder Festivals wird dieses Zeichen von den Besuchern vor der Bühne den Bands als Ausdruck von Begeisterung entgegengebracht. Die eigentliche Botschaft dieser Geste soll wohl bedeuten: „Wir sind hier im Geiste verbunden."

Woher das Teufelszeichen kommt (auch bekannt als Satans-, Cornutogruß oder Pommesgabel), dazu gibt es viele Theorien. Einige leiten die Entstehung aus der christlichen Lehre ab, andere glauben, dass dieses Zeichen von dem legendären Musiker Ronny James Dio in den Metal eingeführt wurde. Letztendlich kann die Herkunft dahingestellt bleiben.

Wie man sich natürlich vorstellen kann, ist diese Geste der Metal-Heads eine willkommene Steilvorlage für Kritiker der Szene. Dem Augenschein nach ist dieses Zeichen für solch einen Szeneforscher möglicherweise ein Satanskult, der durch den Gruß offen bekannt wird. Wenn jemand mit diesem Meinungsbild einen Metal-Freak, der dieses Zeichen macht, nach der Bedeutung fragt, könnte er durchaus die **ironische** Antwort bekommen, dass er gerade Satan gegenüberstehe oder Ähnliches. So sind sie halt, die Metaler!

2.4.2 „Tanzformen" bei Metal-Konzerten und auf Festivals

Wenn man den Begriff „Tanzen" im Sinne eines Nicht-Metalers anwendet, ist vorstehende Überschrift zugegebenermaßen wohl etwas irreführend. Dennoch soll im Folgenden versucht werden, diese Metal-Konzert-Rituale zu beschreiben. Zusätzlich können sich interessierte Leser die DVD eines Festivals anschauen, auf dem Death-, Thrash-, Hard- und Metalcore-Bands auftreten. Hier wird man sicher ein paar „Tänzlein" betrachten können.
Beginnen wir mit dem …

Headbanging:
Dabei handelt es sich um eine kreis- oder achterförmige Bewegung des Kopfes im Takt der Musik. Meist wird Headbanging von Frauen oder Männern praktiziert, die (noch) lange Haare besitzen. Die Haarpracht wird durch die Luft gewirbelt und der Konzertnachbar tritt freiwillig einige Schritte zur Seite, um vor den drohenden „Peitschenhieben" verschont zu bleiben. Headbanging findet in jedem Metal-Genre statt und wird besonders bei etwas aggressiv anmutendem Liedgut durchgeführt.

Die Wall Of Death:
Die „Wall Of Death" wird meist auf Konzerten des Death-, Thrash-, Pagan- und Hardcore-Genres praktiziert. Nach Aufforderung durch die Band bilden zwei Gruppen auf dem Areal eine Gasse. Wie viele Personen an der Aktion teilnehmen, hängt von der Größe der Veranstaltung ab. Auf einem Festival können es mehrere hundert Personen sein. Die Teilnehmer stehen sich wie in „Schlachtordnung" gegenüber. Auf Zeichen der Musiker rennen die beiden Seiten aufeinander zu und prallen teils ziemlich wuchtig zusammen. Anschließend wird weiter „gepogt" oder „gemosht". Das bedeutet, dass die Konzertbesucher ihre Körper kurz und heftig gegeneinanderstoßen. Mit den Armen wird geschubst, selbstverständlich ohne die anderen Teilnehmer zu verletzen. Nach kurzer Zeit löst sich die Gruppe wieder auf.
Geht ein Teilnehmer nach dem Aufprall zu Boden oder stolpert beim Pogen, wird er meist schneller als er reagieren kann, von vielen „Helping Hands" wieder in die Vertikale gebracht. Ehernes Gesetz ist, dass der Stärkere Rücksicht auf den Schwächeren nimmt. Verletzungen kommen deshalb eher selten vor. Dennoch ist die „Wall Of Death" gerade bei großen Festivals, wie beispielsweise dem *Wacken Open Air*, vom Veranstalter nicht gerne gesehen und wurde auch schon zeitweise verboten. Eine Argumentation ist, dass bei einer eventuellen Verletzung der Sanitätsdienst Schwierigkeiten habe, sich

durch die Menge zu kämpfen. Deshalb werden die Musiker gebeten, auf eine direkte Aufforderung zur Durchführung der „Todeswand" an die Metal-Heads zu verzichten.

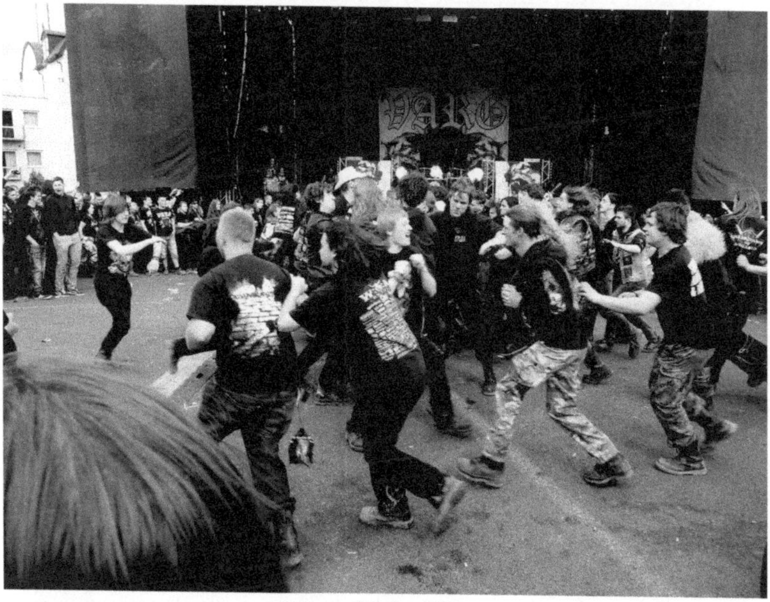

Fotograf: Roland Hesse

Wall of Death während eines Konzerts der Band Varg auf dem „Beastival" 2013

Der Circle Pit:

Der „Circle Pit" ist in der Regel auf Konzerten beliebt, auf denen auch die „Wall Of Death" praktiziert wird. Hier wird meist nach Aufforderung durch die Band ein Kreis gebildet und eine Laufrichtung festgelegt. Die Mitte des Kreises bleibt frei. Nach einem Startzeichen durch den Frontman der Band wird in Spurtgeschwindigkeit in eine Richtung gelaufen. Während des Laufens findet manchmal ein leichtes Schubsen statt. Fällt jemand zu Boden, ziehen ihn auch hier Dutzende von Händen wieder hoch. Nach einigen Runden löst sich der Kreis wieder auf. Die „Wall Of Death" sowie der „Circle Pit" finden meist in der Nähe der Konzertbühne statt. Mitmachen wird der Metal-Head, der Spaß haben möchte. Die Musik induziert bei manchen Teilnehmern einen verstärkten Bewegungsdrang, der dann in der dargestellten Form umgesetzt wird. Meist handelt es sich um schnelle und aggressiv vorgetragene Rhythmen. Alle anderen gehen etwas zur Seite, konzentrieren sich auf die Musik und saugen, soweit vorhanden, aus ihrem hoffentlich gefüllten Bierbecher.

Wie sich natürlich vermuten lässt, gibt es zum Thema „Tanzsportarten im Metal“ unsere bekannten „Besserwisser“, die auf die möglichen Verletzungsgefahren bei hohem Aggressionspotential hinweisen. Diesen Leuten sei zur Beruhigung gesagt: Selbst wenn die Bewegungen etwas wild und unkoordiniert aussehen, die Rücksicht auf die Mitmenschen steht hier absolut im Vordergrund! Jeder, der beispielsweise an einer „Wall Of Death“ teilnimmt, ist sich der latenten Verletzungsgefahr sehr wohl bewusst. Das ist bei den meisten Aktivsportarten doch auch nicht anders, oder?

Das Crowdsurfing:
Einzelne Metal-Heads werden auf Wunsch in die Höhe gehoben und rücklings oder bauchwärts auf den ausgestreckten Händen der Konzertteilnehmer durch die Menge gesurft. Crowdsurfing ist in allen Metal-Genres vorzufinden, macht jedoch nur Sinn, wenn ausreichend Publikum vorhanden ist, damit beim Surfen keine Zuschauerlöcher entstehen, denn ein Absturz aus circa zwei Metern auf Bauch oder Rücken tut weh!

Kritiker dieses Kultes gibt es auch unter den Metal-Fans. Kommt ein Surfer insbesondere aus dem Rückraum auf einen zu, ist es üblich, dass man vom Hintermann durch Schulterklopfen auf die Situation aufmerksam gemacht wird. Wird dies versäumt und der zu Transportierende kommt ohne Ankündigung, kann es passieren, dass man von dessen Stiefel im Gesicht getroffen wird, was nicht unbedingt zur Belustigung beiträgt. Auch diejenigen, die das Konzert in aller Ruhe verfolgen wollen, fühlen sich manchmal von den „Krauterern" gestört, insbesondere dann, wenn alle zwei Minuten einer vorbeikommt. Die Surfer werden meistens vor die Bühne transportiert und dort von der Graben-Crew empfangen und wieder auf die Füße gestellt.

Weiterhin gibt es das sogenannte „Stagediving". Von der Bühne aus springt ein Metal-Head in das Publikum, wird dort aufgefangen und weitertransportiert, wie vorstehend beschrieben.

Die Luftgitarre:
Bei der Luftgitarre handelt es sich um eine imaginäre Gitarre, die, obwohl nicht vorhanden, so gespielt wird, als hielte man sie in der Hand. Hinzugefügt wird seitens des Spielers entsprechende Gestik und Mimik, je nachdem, was (eigentlich nicht wirklich) gespielt wird. Der Spieler ahmt den Bandgitarristen mehr oder weniger nach. Dieses Ritual findet in der Regel nur auf Konzerten unter Gleichgesinnten statt und unterliegt einem gewissen Spaßfaktor. Es gibt in Skandinavien allerdings sogar Luftgitarrenwettbewerbe, an denen die „Luftgitarrenspieler" teilnehmen können. Als Alternative kann man sich auch den Spaß machen, eine Gummigitarre zu erwerben, um den Gitarristen nachzumachen. Auf Festivals werden solche „Instrumente" manchmal eingesetzt, haben jedoch meistens nur eine sehr kurze Lebensdauer.

2.4.3 Metal-Jargon

Wenn man sich unter Metalern bei Musik und Bier zusammenfindet und sich unterhält oder ein Bandmitglied im Rahmen seines Gigs den Zuhörern etwas zuruft, wird nicht selten eine im Metal assimilierte Ausdrucksweise eingesetzt.

Irgendwelche Aussagen können **beispielsweise** wie folgt kommentiert werden: „Shit happens", „Was kümmert mich das fucking Geschwätz", oder komprimiert ausgedrückt „Fuck you". In der Folge vielleicht auch: „Kick some ass".

Es besteht nun nicht die Absicht, durch den Einsatz vorgenannter Ausdrucksweisen semantisch auf eine vulgäre Ebene abzurutschen. Das F-Wort wurde bewusst gewählt, um zu zeigen, dass es im Metal-Jargon ein gängiges Begleitwort ist und im Positiven wie auch im Negativen seinen Einsatz finden kann. Außerdem wird meist eine offene und unverblümte Ausdrucksweise bevorzugt.

Weitere Beispiele: „… unsere fucking Musik …" (Bandaussage) oder allgemein „… ich hole uns ein fucking Bier" etc.

3. Metal und Gewalt

Der bereits in der Außendarstellung beschriebene martialische Ausdruck der Metal-Freaks und die dadurch ausgestrahlte Wirkung gegenüber Leuten, die mit der Szene nicht vertraut sind, können möglicherweise vereinzelt zu Irritationen führen. Die „Menschen in Schwarz“ müssen böse sein! Erschwerend wird vereinzelt plakativ propagiert, dass Metal mit irgendwelchen Amokläufen, Selbstmorden oder anderen Gewalttaten zu tun haben soll. Der Metal-Freak hat dazu wohl eine klare Meinung. Um im Metal-Jargon zu bleiben: BULLSHIT!

Warum man dies als solchen bezeichnen kann, wird in **Kapitel 4. Lebensstil** ausführlicher vor Augen geführt. Halten wir zuerst einmal fest, dass es in der Metal-Szene sowohl bezüglich der Anschauungen als auch im interaktiven Verhältnis untereinander sowie nach außen im Allgemeinen äußerst harmonisch zugeht. In der Metal-Szene gibt es die Auffassung („Joke“), dass auf einer Kaffeefahrt ein deutlich höheres Aggressionspotential herrsche als während eines Konzertes oder Metal-Festivals! Das dürfte sogar stimmen …

Die Behauptung, dass Texte oder der Sound des Metals labile Charaktere negativ beeinflussen könnten, und dadurch die Möglichkeit bestünde, dass Gewalttaten oder Suizide begünstigt würden, ist durch nichts begründet und aus dem Nichts kann eben auch nichts entstehen. Zu klären wäre zunächst einmal, welche unter den vielen Metal-Spielarten diese Emotionen und folglich den Verstand beeinflussen sollten. Man findet, wenn man möchte, bei der Vielzahl an Metal-Produktionen immer Texte, die einer bestimmten Situation zugeordnet werden können. Wie bereits erwähnt, kann Musik selbstverständlich auf einen Gemütszustand Einfluss nehmen. Das soll sie ja auch, in den meisten Fällen jedoch im positiven Sinne, sonst würde uns die Musik ja nur als Instrument der Psychofolter dienen.

Musik wirkt im Allgemeinen auf jeden Menschen höchst unterschiedlich. Was für den einen Hörer als äußerst beruhigend empfunden wird, wirkt auf den anderen depressiv. Was für den einen motivierend ist, wirkt auf den anderen aggressiv. Meist passt sich die Gemütsstimmung der Musik an oder sie wird durch die Musik verändert. Sehr wichtig ist auch, ob einem die Musik zusagt oder nicht. Bei den meisten Metalern würde vermutlich der Gemütszustand im Keller spazieren gehen, wenn er Hip-Hop hören müsste; den Hip-Hopern geht es im umgekehrten Fall vermutlich ähnlich.

Sie haben sicherlich gemerkt, dass im letzten Absatz der Begriff „Metal" dem allgemeinen Begriff „Musik" gewichen ist. Dadurch soll zum Ausdruck gebracht werden, dass eine gewisse Manipulation des Gemüts durch nahezu alle Musikrichtungen möglich ist. Man denke zum Beispiel an Märsche, die Menschen dabei begleitet haben, in die „Hölle" zu laufen. Manch einem Kirchgänger haben bestimmte Orgelklänge doch auch schon eine Träne auf die Wange gedrückt. Auch Richard Wagners *Ring des Nibelungen* ist ein Werk, das meistens einen emotionalen Einfluss beim Zuhörer verursacht. Diese Reihe an Beispielen könnte noch erheblich erweitert werden.

Halten wir also fest, dass eine Beeinflussung der Psyche durch Musik sehr wohl stattfinden kann. Der Musik oder den Komponisten jedoch die Schuld an irgendwelchen Kurzschlusshandlungen oder gar Verbrechen zuzuschreiben, dürfte etwas zu kurz gedacht sein. Die Ursachen der eigentlichen Probleme müssen an anderer Stelle gesucht werden.

Nun müssen wir uns allerdings einem unschönen Thema zuwenden, das für die meisten Metal-Fans schon ziemlich breitgetreten ist, weil sie damit schon tausendmal konfrontiert wurden und darüber diskutieren mussten. Jedoch ändert dies nichts an der Tatsache, dass unter dem Deckmantel des Metals **Straftaten** begangen wurden, die durch **nichts zu entschuldigen** sind, und die gerade das Genre Black Metal in ein schlechtes Licht rückten.

Es geht unter anderem um Varg Vikernes sowie um die Bands Burzum und Mayhem (beide Black Metal). Varg Vikernes war Begründer der Band Burzum und spielte auch in weiteren Black Metal-Bands, unter anderem bei Mayhem. Dort freundete er sich mit „Euronymous“ Aarseth an. Beide legten eine rechtsradikale Gesinnung an den Tag und waren, wie allgemein vermutet wird, führende Köpfe des damals existierenden norwegischen „Inner Circle“, mit dem in den 90er Jahren noch diverse andere Mitglieder norwegischer Black Metal-Bands kokettierten. Diese Szene fiel durch eine extrem menschenverachtende, gewaltverherrlichende und antichristliche Haltung auf. Der Satanskult ist in der heutigen Black Metal-Szene eine (vielleicht nicht ganz ernst zu nehmende) Ausdrucksweise. Beim norwegischen „Inner Circle“ hatte dieser Kult jedoch extreme Auswüchse. Diese Gruppierung wurde für eine ganze Reihe von Straftaten in Norwegen verantwortlich gemacht. So wurden zu dieser Zeit mehrere Kirchen verbrannt und Mitglieder anderer Bands, die sich dieser Szene kritisch gegenüberstellten, bedroht.
Es gab außerdem einen gewissen Per Yngve, alias „Dead Ohlin“, der 1988 als Sänger zu Mayhem stieß. Er war für sein abnormales Verhalten, insbesondere für die Verehrung des Todes, bekannt. Das Ganze gipfelte darin, dass er sich 1991 selbst das Leben nahm. Er schnitt sich die Pulsadern auf und schoss sich mit einer Schrotflinte in den Kopf. Doch der Irrsinn ging noch weiter … „Euronymous“ Aarseth fand die Leiche und fotografierte diese mit der Absicht, das Bildmaterial für das Cover-Artwork eines Mayhem-Albums zu verwenden. Es erschien dann auch als Bootleg mit dem Titel *The Dawn Of The Black Hearts*. Und damit nicht genug: Er sammelte Knochensplitter des Schädels, ließ sie zu Amuletten verarbeiten und verschickte diese angeblich an Freunde von „Dead Ohlin“.

Im August 1993 wurde „Euronymous“ von seinem „Freund“ Varg Vikernes ermordet. 1994 wurde Vikernes wegen dieser Tat, wegen Kirchenbrandstiftungen sowie Waffen- und Sprengstoffbesitz zu einer langjährigen Haftstrafe verurteilt. Angeblich hat sich seine Gesinnung auch während des Gefängnisaufenthaltes nicht geändert. Dies wird durch sein in der Haft verfasstes Buch *Vargsmal* deutlich. Sein Projekt, die Band Burzum, gab er auch während dieser Zeit nicht auf. Er schrieb währenddessen sogar einige Songs und auch nach seiner Haftzeit entstanden einige neue Titel. Bei den Burzum-Songs geht es meist um das Heidentum und die nordische Mythologie.
Diese norwegische Black Metal-Szene wird (wen wundert es) auch vom nationalsozialistischen Black Metal (NSBM) immer wieder mit gewisser Bewunderung angesehen. Wie viele Leute in Deutschland und im Ausland dieser Szene angehören oder mit ihr sympathisieren, ist nicht bekannt, da sich die Mitglieder, wie schon erwähnt, hauptsächlich im „Untergrund“ befinden.

Anzumerken ist, dass es sich bei dem „Inner Circle“ um einen kriminellen Teil der Black Metal-Szene handelte, innerhalb dessen Straftaten verübt wurden. Man kann deswegen **nicht** das gesamte Genre in dieselbe Ecke stellen!
Es finden von verschiedenen Leuten leider auch immer wieder Provokationen, beispielsweise durch das Tragen von umstrittenen Band-T-Shirts, statt. Zu überlegen ist, ob man dem Metal in seiner Gesamtheit damit einen Gefallen tut, selbst wenn die dahinter verborgene Absicht mit der eigentlichen Einstellung des T-Shirt-Trägers oft nichts zu tun hat. Einer kritischen Diskussion zum Black Metal werden sich die meisten Anhänger dieses Genres sicher gerne stellen.

4. Lebensstil „Metal“

Innerhalb unserer Wohlstandsgesellschaft hat der Mensch in zunehmender Weise die Chance, seinen persönlichen Lebensstil individueller zu gestalten, als es zu Zeiten, in denen bestimmte Sozialzwänge zweckorientierte Handlungsweisen erforderten, möglich war. Er wird dadurch immer unabhängiger und freier in seinen Entscheidungen hinsichtlich seiner eigenen Lebensführung (Haushalt, Beruf, Partnerschaft, Freizeit etc.). Die Freiheiten, die sich daraus ergeben, prägen den Lebensstil des Einzelnen heutzutage in der unterschiedlichsten Weise. So legen die einen beispielsweise großen Wert auf ihr äußeres Erscheinungsbild, andere wiederum auf ihre häusliche Umgebung.
Je unabhängiger sich also der Einzelne fühlt, je mehr Individualität er besitzt, desto freier ist er in der Bestimmung seines Lebensstils. Eine völlig freie Gestaltung erscheint jedoch nahezu ausgeschlossen, da der Mensch bestimmten gesellschaftlichen, rechtlichen, normativen und moralischen Zwängen unterliegt. Durch die Selbstbestimmung seines Lebensstils kann man Menschen erreichen, die denselben oder einen ähnlichen führen. Von anderen erfolgt dadurch möglicherweise eine Abgrenzung. Dies kann bewusst oder unbewusst geschehen.

Besondere Lebensstile werden oft in sogenannten Subkulturen beobachtet. Was ist aber eine Subkultur? Eine allgemeingültige Definition für den Begriff ist schwer zu finden.
Hier ein Beschreibungsversuch: Die Subkultur kann als ein **abgegrenzter Teil** innerhalb eines ganzheitlichen Kulturgefüges angesehen werden, in dem Gruppenmitglieder mittels ihrer Eigenschaften, Ausdrucksweisen und Handlungen ein gemeinsames Ziel verfolgen. Die Subkultur unterscheidet sich von der „Gesamtkultur“ durch teils anders gesetzte Bedürfnisse innerhalb eines Lebensstils. Auch Werte und Normen der Gruppenteilnehmer sowie bestimmte Verhaltens-

weisen dieser können hier eine Abweichung von der allgemeinen Anschauung ergeben.

Spannen wir also den Bogen in Richtung unseres Themas und versuchen zu klären, ob Metal als ein Lebensstil im Rahmen einer Subkultur zu betrachten ist, und wenn ja, wie man in die Gruppe integriert wird, und was den Menschen veranlasst, diesen Lebensstil zu einer persönlichen Lebenseinstellung zu machen.

Bevor wir jedoch diesen Fragen auf den Grund gehen, ist eine wesentliche Feststellung zu treffen: Nämlich die, dass die Basis für die gesamte Kultur und Szene im Metal die **Musik** bildet! Sie ist der wesentliche Bestandteil, also die Antriebskraft des Ganzen, sozusagen die Existenzvoraussetzung für die gesamte Metal-Kultur. Um diese Musik, die in **Kapitel 1.2** näher beschrieben wurde, dreht sich das gesamte Szene-Leben und ist untrennbar mit ihr verbunden, ist quasi ein Teil davon. Innerhalb dieser Szene werden der Lebensstil und die Lebenseinstellung der „Metal-Gemeinde" geprägt. Neben der Kontaktfunktion zwischen Musikern und Fans sowie den Metal-Freaks untereinander, dient die Musik **auch als eine Form des Ausdrucks** nicht nur innerhalb der Szene, sondern auch gegenüber jedermann. Dies kann über die Inhalte (Aussagekraft der Songs), die musikalische Darbietung oder aber auch über das Soundbild geschehen (laut, leise, aggressiv, progressiv, atonal, melancholisch usw.). Wo (auf einem Konzert, Festival, Party etc.) und in welcher Form die Inhalte verbreitet werden, muss die jeweilige Situation (und die Leistungsstärke der Musikanlage) zeigen.

Ist Metal als Lebensstil im Rahmen einer Subkultur zu betrachten?

Dadurch, dass sich im Laufe der Jahre **Gedankengut**, **Gewohnheiten** und **Rituale** in der Metal-Szene (Wertegemeinschaft) festgesetzt haben und durch immer wieder stattfindende Anwendungsprozesse von Metal-Fan zu Metal-Fan bzw. von Gruppe zu Gruppe weitertransportiert wurden und werden, entwickelte sich ein **Lebensstil**, der die Identität der Metal-Freaks inner- und außerhalb der Gruppe wesentlich beeinflusst und festigt. Für viele Metal-Fans wurde daraus eine **Lebenseinstellung**, auf die ich im nächsten Kapitel eingehen will.

Wie bereits erörtert, definieren sich die Metaler über ihre Musik mit der Szene, die in einigen literarischen Arbeiten als jugendliche Subkultur bezeichnet wird. Ohne diese Aussage in Frage stellen zu wollen, scheint diese Definition nur dann zu greifen, wenn man den Zeitraum, in dem der Metal-Fan als jugendlich gilt, sieht. Dadurch, dass, wie schon in der Szene-Darstellung beschrieben, die Altersgruppe derer, die Metal hören und diesen als Lebensstil annehmen, vom Jugendlichen bis zum Greis reicht, kann von einer Jugendkultur im engeren Sinne keine Rede sein. Betrachtet man die Szene beispielsweise von der Seite der Berufsgruppen, findet man Vertreter nahezu aller Berufe. Von den 209 Metalern, die an der Umfrage teilgenommen haben, üben 27% eine handwerkliche und 17% eine kaufmännische Tätigkeit (inklusive Beamte) aus. 10% sind im Sozialwesen beschäftigt, ebenfalls 10% in der IT-Branche. 7% verteilen sich auf die freien Berufe und Sonstiges, 6% sind Schüler und 17% Studenten. 5% sind Ingenieure und 1% ist derzeit arbeitslos.
Auch hören ja sowohl Männer wie auch Frauen Metal. Es sind auch ganz unterschiedliche gesellschaftliche und soziale Gruppierungen vorzufinden. Wenn man berücksichtigt, wie viele verschiedene Genres in den Metal einbezogen sind, ist es umso erstaunlicher, dass man von **der** Metal-Szene sprechen kann.

Sehen wir die Metal-Szene als einen eigenen Kulturkreis im Rahmen einer gesellschaftlichen Gesamtkultur an und definieren sie als „Metal-Kultur“. Diese wiederum setzt sich aus einer heterogenen Gruppe von Menschen zusammen, die aufgrund ihrer gemeinsamen

Überzeugungen freiwillig soziale Bindungen eingehen, mit dem Ziel, ihre Lebenseinstellung und ihr Lebensgefühl in ein gemeinsames Wertesystem einzubringen. Über das Wir-Gefühl innerhalb der Gruppe, das bedingt durch eine gleichgeartete Interessenslage auch im Rahmen von gemeinsamen Aktivitäten entsteht, entwickelt sich im Innenverhältnis ein informelles „Regelwerk", das vom Einzelnen, wie auch von der Gruppe, anerkannt und gelebt wird. Die vorhandenen Gemeinsamkeiten der Metaler werden durch Interaktion und/ oder Assoziation meist auf informellem Wege in die Gruppen, die oft auch untereinander vernetzt sind, eingebracht und auf das Wertesystem insgesamt übertragen. Voraussetzung ist auch, dass der Szene-Teilnehmer ein produktives Verhältnis zu der sozialen Gruppe aufbauen kann, da er sich dann wirksam und eingebunden fühlt. Hierfür ist wiederum erforderlich, dass eine eigene Identitätsfindung möglich ist, die es zulässt, sein Fachwissen (z. B. über die Musik und die Szene) sowie die eigene persönliche Einstellung mit einbringen zu können.

Ein in der Metal-Kultur wichtiger Aspekt ist die Authentizität des Metal-Fans mit seiner Musik, den Bands, der Szene respektive der Subkultur. Auch die Selbstbestimmung ist ein wichtiger Baustein, der zum Funktionieren der Szene-Kultur beiträgt. Jedem Gruppenmitglied sollte es möglich sein, Entscheidungen ohne Einflussnahme anderer treffen zu können. Ist dies gewährleistet, so sind diese Personen im Gegensatz zu sogenannten Szene-Mitläufern in der Lage, der sozialen Gruppe entsprechende Impulse zu geben. Beispielsweise kann es sich hier um Leute aus der Szene handeln, die Konzerte oder Festivals organisieren, oder Personen aus der Fachmedienlandschaft, die Berichte verfassen usw. Da normalerweise keine formellen Organisationsstrukturen in den Szene-Gruppierungen erkennbar sind, organisieren sich diese meist zweckbestimmt und informell. Sie sind primär durch aktive Szene-Teilnahme geprägt.

Beispiel:
Metal-Fans besuchen zusammen ein Konzert. Sie treffen auf ca. 500 weitere Konzertbesucher, die sich in der Location befinden. Dort bilden sich wiederum Gruppen, die miteinander kommunizieren. Im Anschluss an das Konzert gehen einige in die nächste Metal-Kneipe und verabreden sich wiederum usw. …

Darüber hinaus festigen gemeinsame Rituale, wie sie beispielsweise unter **2.4** beschrieben sind, die inneren Gruppenstrukturen und schaffen eine gewollte Abgrenzung nach außen. Die Gruppen formieren sich meist zu bestimmten Zwecken, wie zu gemeinsamen Konzertbesuchen, Veranstaltungen, Plattenbörsen etc.

Ein weiteres **Beispiel**:
Manch ein Metal-Head packt ein- oder mehrmals im Jahr seine schwarzen T-Shirts ein, nimmt sich Schlafsack und Zelt auf den Buckel und besucht gemeinsam mit anderen schwarz gekleideten Individuen ein Metal-Festival. Für die meisten ist es ein wunderbares Gefühl, den Alltagstrott, wenn auch nur für kurze Zeit, zu verlassen und gemeinsam ein solches Event zu besuchen. Dort, so herrscht meist allgemeiner Konsens unter den Beteiligten, befindet man sich „unter Menschen"! Insbesondere auf Festivals, wo ja viele Personen für mehrere Tage auf engem Raum zusammenleben, sind Freundlichkeit, Rücksichtnahme, gegenseitige Hilfsbereitschaft und Toleranz keine Fremdwörter, sondern Selbstverständlichkeiten. Nach Beendigung einer solchen Veranstaltung kommt bei den meisten Teilnehmern etwas Wehmut auf. Als Metal-Head wird man aus einer „surrealen Welt" in den tristen Alltag „zurückgebeamt". Grausam! Das Schöne wiederum ist, dass man viele Erinnerungen behält. Die Vorfreude auf ein erneutes Zusammentreffen ist für den Metaler ein wunderbares Gefühl.

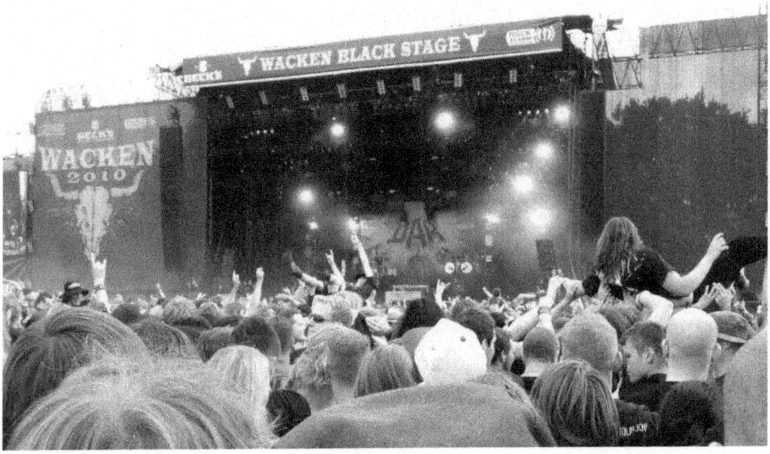

Fotograf: Roland Hesse – Auf dem Wacken Open Air (WOA) 2010, vor der Black Stage, während des Konzertes der Apokalyptischen Reiter.

Gelegentlich trifft man sich vielleicht auch nur, um gemeinsam Musik zu hören oder ein Bier zu trinken. Da sich die Gruppen also meist nur zweckbestimmt konstituieren, sind sie in unterschiedlicher Größe und mit unterschiedlicher Ausrichtung aktiv, schaffen jedoch ein netzwerkartiges Gruppengeflecht, das neben der Ausübung der eigentlichen Zielausrichtung in der Lage ist, Informationen zu transferieren (persönlich, Fachpresse, Internet etc.). Man kann auch beobachten, dass Teile aus dem gemeinsam entwickelten Verhalten in der Gruppe, insbesondere auch das „Lebensgefühl", in vielen Fällen in das Alltagsleben des Einzelnen übernommen werden. Viele Metal-Heads tragen ihre innere Einstellung auch nach außen. Das kann beispielsweise durch die Kleidung oder aber auch durch den Ausdruck bestimmter Überzeugungen in verbaler Form geschehen.

Wie wird man eigentlich in diese soziale Einheit, also in die Szene der Metaler integriert?

Die Antwort lautet: Man wird nicht integriert, sondern man integriert sich selbst, und zwar ausschließlich durch die **Identifikation** mit der **Musik** und dem **Lebensstil**. Man wird auch nicht aufgenommen, sondern ist einfach dabei. Die Gruppenstrukturen sind offen und nach innen durchaus anpassungsfähig. Man kommt und geht, wenn und wann man will!

Wie schon erwähnt, ist die **Selbstbestimmung** eine wesentliche Eigenschaft der Strukturen des Metals und fördert den Unabhängigkeitsgedanken sowie den Freiheitswillen des Einzelnen. Ob man sich in der Gruppe wohlfühlt, wird man selbst relativ schnell feststellen. Wie stark der Einzelne an dem Geschehen teilnimmt, bleibt natürlich jedem selbst überlassen.

Die meisten Metaler verfügen bekanntlich über ein relativ umfangreiches musikalisches Wissen, das, sobald sich Gelegenheit dazu ergibt, mit Gleichgesinnten geteilt wird. Durch immer wieder neue Kontaktaufnahmen auf diversen Veranstaltungen entstehen neue Bekanntschaften wie auch Freundschaften. Die Leute, die nur auf „Party machen" fixiert sind oder ausschließlich ihre Neugier befriedigen wollen, werden sich schnell als Fremdkörper in der Gruppe fühlen und ihren Rückzug antreten, ohne dass sie irgendjemand daran hindert, weiter an dem Geschehen teilzunehmen. Am Ende dieses Prozesses bleiben diejenigen übrig, deren Herz für den Metal schlägt. Da die Teilnahme in der Szene nicht notwendigerweise zur Integration in die soziale Gruppe oder zur Annahme des Metal-Lebensstils führen muss, ist die Ausprägung des Lebensgefühls rein von der persönlichen Einstellung abhängig. Es bringt nicht jeder, der Metal hört, dies mit Lifestyle in Verbindung. Einige hören eben nur die Musik oder besuchen Konzerte und Festivals und haben darüber hinaus kein Bedürfnis zur Identifikation mit der Szene.

Zusammenfassend kann man „Metal" durchaus als einen Lebensstil innerhalb der Metal-Subkultur bezeichnen. Natürlich nur dann, wenn man den Metal auch als Lebensstil begreift.

4.1 Metal als Lebenseinstellung

Unter dem Begriff „Lebenseinstellung" kann man Wertvorstellungen annehmen, die nach eigener Ansicht und innerer Überzeugung das eigene Leben gerechter und wertvoller gestalten als nach allgemeiner Anschauung innerhalb eines Wertesystems.

Was veranlasst den Metal-Fan, diesen Lebensstil zu seiner persönlichen Einstellung zu machen?

Eine Gesellschaft, die immer mehr vom Leistungsprinzip abgeht und es zulässt, dass sich einige wenige Individuen gegenseitig monetär extrem bereichern, während viele andere durch ordentliche Arbeit nicht in der Lage sind, eine Familie zu ernähren ...
Eine Gesellschaft, in der einige der Auffassung sind, dass Sozialkompetenz in der modernen Führungslehre nicht mehr wichtig ist ...
Eine Gesellschaft, in der es vorstellbar ist, dass ein Mensch bewusst nur als Zweck eingesetzt wird, um ein Ziel zu erreichen ...
Eine Gesellschaft, in der oft von Ethik und Moral „gefaselt" wird und in der diese Begriffe an den eigentlichen Problemen vorbei bewusst auf Nebensächlichkeiten fokussiert werden ...
Eine Gesellschaft, in der Achtung und Respekt vor anderen Menschen immer geringer werden ...
Eine Gesellschaft, in der man den Eindruck gewinnen kann, dass das Verhalten von Politikern in erster Linie zum Selbstzweck dient, und mehr auf demoskopische Umfragewerte, als auf die eigene Meinung geachtet wird ...

Eine Gesellschaft, in der oft persönlicher Egoismus weit über dem Gemeinschaftsgedanken steht …
Eine Gesellschaft, in der man manchmal in Kauf nimmt, dass anderen Menschen Schaden (gesundheitlich oder materiell) entsteht, nur um des eigenen Vorteils willen …
Eine Gesellschaft, in der es Leute gibt, die sich wichtiger nehmen, als sie sind …

Unsere Gesellschaft? Leider wohl ja!

Derjenige, der sich einer sozialen Gruppe innerhalb des Metals zugehörig fühlt, lebt natürlich wie jedes andere Individuum in dieser, unserer Gesellschaft und ist ein Teil davon. Ethische und moralische Grundsätze sowie Werte einer Gesellschaft sind oftmals traditionell verankert und durch die jeweilige Kultur geprägt, in der wir alle leben. Derjenige, der die vorstehend aufgeführten Ansichten über unsere Gesellschaft teilt, würde es wohl lieber sehen, wenn die sozialen Werte und Normen unseres Systems etwas gesellschaftskonformer, sprich subjektiv gerechter, gestaltet wären. Dass es hierfür kein Patentrezept gibt, dürfte jedem Leser klar sein, zumal soziale Gerechtigkeit auch immer einer unterschiedlichen Anschauung unterliegt. Gewinnt man jedoch den Eindruck, dass ein Sozialgefüge aufgrund vielfacher Ursachen in Schieflage gerät, ist es zumindest notwendig, den Versuch zu unternehmen, die Schaltstellen der Macht zu Aktivitäten zu bewegen.

Gerade hier setzt die soziale Gruppe der Metaler an und bei den meisten die persönliche **Lebenseinstellung** ein. Nicht alle **Werte** und **Normen** unserer Gesellschaft werden von ihnen vorbehaltlos akzeptiert. Gesellschaftskritische Sichtweisen gehören zum Selbstverständnis und werden meist über die **Musik transportiert**. Eine **Protesthaltung** oder eine **Anprangerung** von Missständen kann beispielsweise gezielt über die Textgestaltung der Songs geschehen. Auch im Rahmen von Bandinterviews durch die einschlägigen Metal-Zeitschriften haben die Bandmembers die Möglichkeit, ihre Ansicht zum Ausdruck zu bringen. Die Metal-Fans wiederum können ihre Einstellung visuell (T-Shirts), medial (Internet) oder verbal (Diskussionen) kundtun. Rebellion und Protest werden auch offen gegen das kommerzielle Verhalten der Musikindustrie, insbesondere im Bereich des Mainstreams, ausgeübt: Man versucht, mit dem Zeug nicht in Berührung zu kommen.

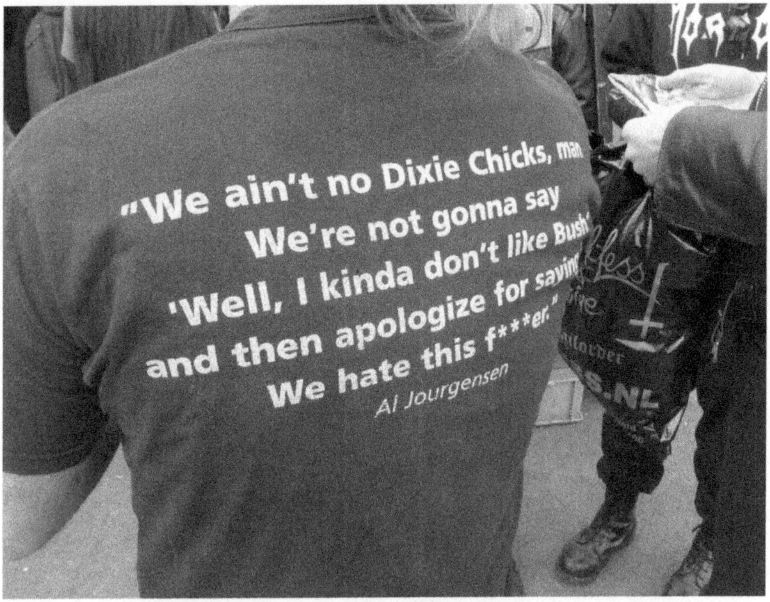

Fotograf: Roland Hesse – „Der bedruckte Rücken eines Metalfans". Al Jourgensen ist der Frontman der Band Minestry.

Da die allgemeine gesellschaftliche Sichtweise die Musik und das äußerliche Erscheinungsbild des Metalers eher abschätzig bewertet – was das Lebensgefühl des Einzelnen wohl kaum trüben wird –, entwickelte sich bei einigen jedoch eine gewisse „Lust", das eigene Auftreten etwas provokativer zu gestalten, um die allgemeine Anschauung zu bestärken. Bewusste Provokationen oder ironische Verhaltensweisen gegenüber dem normativen Verhalten unserer Gesellschaft sind nicht unüblich. Wenngleich auch die Wirkungen solcher Darstellungen in der Öffentlichkeit wohl kaum wahrgenommen werden, da sich die Metaler ja innerhalb ihrer Subkultur bewegen und die Gesellschaft diese ja nicht selten nur über „laute Musik, also Krach" oder als „komische, prollige schwarze Gestalten" wahrnimmt. Für den Metaler, der sein Gerechtigkeitsgefühl ausleben kann, ist es sicherlich ein innerlich gutes Gefühl, etwas aus seiner Sicht Sinnvolles getan zu haben.

Die Lebenseinstellung des Metal-Freaks lässt sich natürlich nicht nur auf Kritik und Protesthaltung reduzieren, wie das Ergebnis der nachfolgend dargestellten Umfrage zeigt:

Nachstehend aufgeführt sind die **Aussagen der Metal-Heads** auf die in der Umfrage offen gestellte Frage: „**Was bedeutet für dich Metal?**"
Es wurden keine Antworten vorgegeben. Einige, die den Fragebogen ausgefüllt haben, beschränkten sich auf eine Aussage, die meist „Lebensgefühl" lautete, für andere wurde der Platz selbst bei stichpunkthafter Aufzählung zu knapp.

51% *der 208 Befragten antworten u. a. mit* **Lebenseinstellung/Lebensgefühl**.
30% *bedeutet Metal u. a.* **Gemeinschaft**, **Zugehörigkeit zu einer Gruppe** *und* **Verbundenheit** *mit dieser.*
28% *sehen Metal u. a. als* **Spaß**, **Freude** *und* **gute Laune**.
26% *legen sich u. a. auf* **gute Musik** *fest.*
18% *bedeutet Metal u. a.* **Freiheit**.
16% *bedeutet Metal u. a.* **Ausgleich und Beruhigung**.
10% *assoziieren Metal u. a. mit* **Bier**.
9% *verbinden Metal u. a. mit* **Energie**.
9% *bezeichnen Metal u. a. als* **Subkultur** *und* **Anderssein**.

5% *nennen u. a. die* **Toleranz**.
3% *sehen Metal u. a. als* **Protest**.

Zur **Lebenseinstellung** der Metal-Infizierten gehört, wie auch schon im Zusammenhang mit der sozialen Gruppe erwähnt, die **Authentizität** von Musik, Szene und dem Lebensstil sowie das **Gefühl** und die Bereitschaft des Einzelnen, das **Gedankengut** des Metals zu verinnerlichen und auch nach außen zu repräsentieren. Der Metal-Freak wird einen großen Teil seiner Freizeit für Konzert- oder Festivalbesuche nutzen oder anderweitig seine Metal-Interessen verfolgen. Auch sind Einkäufe von Tonträgern, das Sortieren der Sammlung oder Hören derselben denkbar. Der gemeinsame Besuch eines Szene-Lokals oder die fachthemenbezogene Unterhaltung mit Gleichgesinnten ist eine weitere Option. Der eine oder andere wird vielleicht auch eigene Instrumente spielen. Auch finden im Sommer eine Menge Metal-Partys statt.

Im Zusammenhang mit der Fragebogenaktion wurden einige Teilnehmer um ihre Meinung gebeten, welche Tugenden (Eigenschaften) nach eigener Ansicht zu einer „Metal-Lebenseinstellung" passen. Zusammenfassend wurden meistens folgende Begriffe genannt:

Toleranz gegenüber anderen Mitmenschen, **freiheitliches Denken** und ein ausgeprägtes **Zusammengehörigkeitsgefühl**, **Ehrlichkeit** gegenüber seinen Mitmenschen und zu sich selbst. Auch das **Traditionsbewusstsein**, gerade im Hinblick auf die Musikdarstellung (z. B. Livekonzerte möglichst ohne Einspieler, kein oder ein beschränkter Einsatz von Keyboards u.v.m.), wurde oftmals hervorgehoben.

In der Metal-Szene gibt es beispielsweise weder Statusdenken noch -symbole, wie Stellung in Beruf oder Gesellschaft, Einkommen oder Vermögen etc. Ob der Mensch eine blaue oder grüne Gesichtsfarbe hat, ist völlig gleichgültig. Wie schon erwähnt, spielen auch Politik und Religion, was die Anschauung des Einzelnen angeht, keine Rolle. Das bedeutet im Umkehrschluss jedoch nicht, dass ein Metaler keinen Glauben hat oder er politisch uninteressiert ist. Zum großen Teil herrscht die Meinung, dass man im „Hier und Jetzt“ lebt. Daher unterscheidet sich die Lebenseinstellung im Metal oft durch Haltung, Habitus und szenespezifische Eigenschaften vom Mainstream des Systems. Der Metaler grenzt sich im Allgemeinen nicht von der Gesellschaft aus, sondern manchmal ab. Zum einen, weil er sich mit der Gesellschaft oftmals nicht mehr identifizieren kann, und zum anderen, weil er in seiner eigenen Subkultur mit seiner Musik leben möchte. Darum ist es wunderbar, wenn man über solche Refugien verfügen kann, auch innerlich.

5. Metal aus und in anderen Ländern

Nachdem die ersten Metal-Bands aus England und den USA Anfang der 80er Jahre an Einfluss und Popularität gewonnen hatten, gründete sich dementsprechend auch die dazugehörige Szene. Iron Maiden und Co. legten die Basis für den NWOBHM, aus dem sich nach und nach die „schwarze Meute" in ganz Europa schwerpunktmäßig nach Genre und Land entwickelte. In den USA kamen vor allem die Thrasher und danach die Death Metal- wie auch die Grindcore-Bands zum Vorschein, während in Deutschland die Power Metal-Bands wie Pilze aus dem Boden schossen. In Norwegen etablierte sich langsam die Black Metal-Szene. In Schweden verbreitete sich der Melodic Death Metal, in Finnland der Pagan und Epic Metal. In Deutschland und in Skandinavien ist die Metal-Szene quer durch alle Genres heutzutage besonders stark vertreten. So vermischen und verteilen sich nach und nach die einzelnen Metal-Genres mit den dazugehörigen Metal-Heads auf der ganzen Welt, einschließlich der mit dem Metal verbundene, vorstehend beschriebene Lebensstil.

Auf der ganzen Welt? Nein natürlich nicht!
Aufgrund kultureller, politischer sowie religiöser Unterschiede ist selbst der Spirit des Metals, insbesondere jedoch die Ausdrucksweise in jeglicher Form, in manchen Ländern untersagt oder zumindest nicht erwünscht.
In der Metal-Szene herrscht, gerade was Musik, Einstellung, Sozialkritik, Freiheitsdenken, Toleranz etc. angeht, unter den Metal-Heads weitgehende Übereinstimmung. Nehmen wir allein einmal die Begriffe Sozialkritik, Freiheitsdenken und Toleranz heraus und setzen diese in Bezug zur totalitären Regierungsform eines Staates oder zu manch religiösem Fanatismus, so können wir feststellen, dass sich Feuer und Wasser vermutlich besser vertragen als diese Begriffe im Kontext.

Im Zeitalter moderner Kommunikationsmittel sind Metaler natürlich untereinander vernetzt und können Informationen, wie auch ihre Musik, weitervermitteln. Auf großen Festivals, auf denen internationales Publikum vertreten ist, lernt man sich kennen und steht oftmals miteinander in Kontakt. Es herrscht reger Informationsaustausch, natürlich auch mit mancher Metal-Gemeinschaft in anderen Ländern.

Man kann so beispielsweise erfahren, dass in Südamerika die Metal-Szene in den letzten Jahren zahlreichen Zulauf bekommen hat. In Brasilien gibt es viele Metaler, die bei Auftritten von namhaften Bands in großer Anzahl die Arenen besuchen. Beim *Rock in Rio III Festival* im Jahre 2001 spielte Iron Maiden vor 250.000 Zuschauern. Seit dem Einzug der Demokratie in Brasilien im Jahr 1985 ist der Metal ein wichtiges Sprachrohr für Teile der Bevölkerung geworden. Eine der beliebtesten einheimischen Bands der Brasilianer mit internationalem Bekanntheitsgrad ist die Band Sepultura.

In Russland war Metal bis zum Fall des Eisernen Vorhangs nur im Untergrund möglich. Heutzutage entstehen immer mehr Metal-Bands aller Genres in Ländern der ehemaligen Sowjetunion. Viele spielen jedoch weiterhin im Untergrund. Einige davon werden dem NSBM zugerechnet. Trotzdem scheint sich die Metal-Gemeinschaft langsam zu entwickeln.

Die Band Tang Dynasty dürfte in China als erste Metal-Band einzustufen sein. Die Gruppe kann man der progressiven Spielrichtung zuordnen. In ihrem Soundtrack werden oft Folkloreeinflüsse verarbeitet. Auftritte von Bands müssen in der Regel staatlicherseits genehmigt werden. Eine offizielle Metal-Szene ist in China jedoch nicht bekannt. Metal wird in vielen Fällen im Untergrund gehört. Wie immer wieder zu erfahren ist, wünschen sich gerade einige jüngere Chinesen den Metal als Ausdrucksform. Metal-CDs aus westlichen Ländern wurden in China bisher meist unter dem Ladentisch gehandelt.

Die japanischen Metal-Fans leben den Metal oft im Rahmen ihrer gewachsenen kulturellen Tradition aus. Aufgrund dieses Einflusses klingt die Musik für unsere europäischen Ohren meist etwas gewöhnungsbedürftig. Der Gesang wird meist in einer extrem hohen Stimmlage vorgetragen und es werden oft einige folkloristische Elemente in den Sound eingearbeitet. Ansonsten gelten die Metaler in Japan als höflich und zurückhaltend. Sollten aber Maiden und Co. ihren Auftritt dort haben, geht auch dort „die Post ab"!
Hörprobe: Dir En Grey, eine Band aus Osaka mit ihrer CD *Vulgar*.

In Indien wächst die Metal-Gemeinschaft immer weiter. Die Fans nehmen dort ziemlich aktiv an der Szene teil und nutzen den Metal zur Artikulation nach außen. Es gründen sich immer wieder neue Bands, die sich dem teils aufgedrängten westlichen Mainstream entziehen wollen.

In vielen Staaten, in denen der Islam maßgeblich die Willensbildung der Menschen bestimmt, ist Metal entweder verboten oder zumindest nicht erwünscht. Die Ursachen sind sicherlich vielfältig, dürften jedoch vor allem bei der Religion, aber auch in den politischen Strukturen dieser Länder zu finden sein. Eine Analyse, warum dies so ist, soll an dieser Stelle nicht stattfinden.

In Teilen Malaysias wurde ein Verbot für Heavy Metal erlassen. Darüber hinaus haben eine Reihe von Bands Auftrittsverbote. Tonträger diverser Gruppen sind ebenfalls untersagt. Betroffen sind in erster Linie Vertreter des Black Metals. Es existieren Bedenken, dass Metal der Jugend Malaysias Schaden zufügen und sich Okkultismus im Land breitmachen könnte.

In Jordanien wurden bereits mehrere Konzerte verboten und ebenfalls Tonträger von Metal-Bands beschlagnahmt. Hier hat man wohl Angst, dass der Satanismus im Land Einzug hält.

In der Türkei ist die Musikrichtung Metal nicht sehr verbreitet. Wie von den Medien berichtet, wurden im Jahr 2011 Jugendliche in Gewahrsam genommen, weil sie den „Teufelsgruß" auf einer Parade gezeigt haben.

Indonesien beispielsweise hat eine sehr große und enthusiastische Metal-Gemeinde. Deutsche Bands sind dort sehr beliebt. Leider spielt sich die Szene auch hier meist im Untergrund ab. Übungsräume für Bands sind sehr schwer zu bekommen und Konzerte finden meist illegal in kleinen Räumen statt.

Im Iran ist Metal verboten. Da Rock und Metal in diesem Land jedoch seit Jahrzehnten sehr populär sind, beschaffen sich die Fans ihre Musik meist über illegal eingeführte Tonträger oder das Internet.

Mit Blick auf den afrikanischen Kontinent ist festzustellen, dass Metal dort kaum existiert. Eine Ausnahme macht hier Nordafrika, insbesondere Ägypten. Hier ist eine wachsende Anzahl an Metal-Bands zu verzeichnen, die langsam aus dem Untergrund hervorkommen. Die Metal-Szene war schon seit Jahren aktiv, hatte jedoch immer wieder mit Repressalien zu kämpfen. Im Zeitalter des Internets sind die Fans auch hier in das weltweite Netz der Metaler eingebunden, und wie man lesen kann, wird die Metal-Szene Ägyptens immer größer. Dies ist wohl in erster Linie dem politischen Umbruch aus den Jahren 2011/2012 zuzuschreiben.

Australien wird in der Betrachtung meist auf die Rocklegende AC/DC reduziert. Es gibt jedoch in Down Under einige hoffnungsvolle, interessante Bands, die durchaus Beachtung verdienen, jedoch in unseren Breitengraden relativ unbekannt sind. Das Problem der australischen Bands ist, dass sie selbst in ihrem Heimatland relativ unbekannt sind. Das Interesse am Metal ist durchaus vorhanden, jedoch nicht ausgeprägt. Die Szene ist relativ klein. Auch aus dieser Ursache heraus treten wenig bekannte internationale Metal-Bands in Australien auf. Die Katze und der Schwanz … Möglicherweise machen Bands wie Airbourne oder Virgin Black den Metal dort etwas populärer.

Da Metal am besten dort gelebt werden kann, wo es die Gesellschaft auch zulässt, nämlich in den Nationen, in denen man seine Meinung frei äußern darf, ohne dafür irgendwelche Repressalien befürchten zu müssen, ist in den USA und Europa zweifelsohne eine aus der Historie gewachsene, entwickelte Metal-Kultur anzutreffen.

Zur Vertiefung des Themas **Metal in verschiedenen Ländern** soll an dieser Stelle auch auf die DVD *The Metal Journey Continues – Global Metal* hingewiesen werden, die den Metal im Ausland auch mit diversen Interviews näher durchleuchtet.

6. Metal und Religion

Metal gilt als grundsätzlich unabhängig von irgendwelchen religiösen Einflüssen. Die gedankliche Freiheit, mit Religionen ohne Zwangseinfluss irgendeines Dogmas umzugehen, ist in der Metal-Gemeinschaft gängige Praxis. Respekt wird den Menschen, weniger den Institutionen entgegengebracht. Unter den Metalern sind natürlicherweise alle Religionen mehr oder weniger stark vertreten. Wie der Einzelne mit seiner Religion umgeht, bleibt jedem selbst überlassen. In Diskussionen untereinander kann man immer wieder hören, dass viele Metaler durchaus gläubig sind. Vielfach bezieht sich hier der Glaube auf eine persönliche Beziehung zwischen dem „eigenen Ich" und Gott. Eine Manipulation durch eine Religionsgemeinschaft wird oftmals abgelehnt und auch kritisiert.

Selbstverständlich gibt es im Metal aktive Christen und auch Bands, die ihren Glauben offen zum Ausdruck bringen (durch persönliche Aussagen oder in Form von Texten), genauso wie es Atheisten und Ungläubige gibt. Anarchie, definiert als kreativer Ungehorsam, und auch Rebellion sind Ausdrucksformen im Metal, artikuliert über die Musik. Dass gerade die katholische Kirche in diesem Zusammenhang die Aufmerksamkeit mancher Metal-Bands auf sich zieht, dürfte im Allgemeinen keine große Verwunderung auslösen.

Hexenverbrennungen, Inquisitionen und Kreuzzüge sind Themen, die von den Songschreibern gerne verarbeitet werden. Leider liefert der Klerus auch in der Gegenwart immer wieder Anlässe, die nach weltlicher Anschauung den „Himmel zum Weinen bringen". Deshalb wird der Inhaltsstoff zum Thema „katholische Kirche" für die Texter sicher nicht weniger. Es soll hier jedoch keine Kirchenkritik erfolgen.

Zu erwähnen wäre noch, dass an dieser Stelle geplant war, unsere beiden großen Kirchen zum Thema „Metal und Religion“ zu Wort kommen zu lassen. Ein Sprecher der Pressestelle des Erzbistums München teilte jedoch mit, dass er zu diesem Thema kein allgemeines Material zur Verfügung stellen kann, da keines vorhanden sei. Bei der evangelisch-lutherischen Kirche steht die Anfrage immer noch in der Warteschleife.

7. Satanismus und Metal

Satanismus und Metal sind für manche, dieser Musik und den Metalern kritisch gegenüberstehenden Personen, seit jeher untrennbar miteinander verbunden. Um uns diesem Thema anzunähern, sollten wir zunächst kurz darstellen, was unter Satanismus verstanden werden kann.

Darstellungsversuch Satanismus:

Eine allgemein gültige Definition für Satanismus ist nicht bekannt. Im Allgemeinen unterscheidet man zwischen dem traditionellen und dem modernen Satanismus.

In der **traditionellen** Form dreht sich alles um Satan, insbesondere bei einer monotheistischen Anschauung. Satan wird mit Gott gleichgesetzt. Gott und die Kirche werden verspottet. Es werden kirchliche Rituale im umgekehrten Sinne benutzt. Satan wird angebetet. In der Vergangenheit wurden möglicherweise auch Tieropferungen erbracht, wobei ein Beweis für die Richtigkeit dieser Aussage schwer zu erbringen ist. In der Literatur des 19. Jahrhunderts sind in diesem Zusammenhang auch „schwarze Messen" und Sektengründungen erwähnt. Zu vermuten ist, dass die Darstellung von abnormen Erscheinungen, Dämonen und Geistern einen gewissen „Kick" zu den damaligen Moralvorstellungen bilden sollte.
Im sogenannten **modernen** Satanismus steht der Mensch im spirituellem Zentrum der Weltanschauung, nicht Gott oder eine Gottheit. Das Bestreiten von Prädestination und Unvollkommenheit des Menschen bildet hier eine Antipode zur religiösen Betrachtungsweise. Der Mensch entwickelt sich zum Göttlichen und zweifelt andere Religionen an.

Der **philosophische** Satanismus wird von seinen Anhängern als eigene Lebensphilosophie angesehen. Es geht hier nicht darum, okkulte Rituale zu zelebrieren. Auch Gott oder der Teufel spielen wohl eine untergeordnete Rolle. Im Mittelpunk stehen isoliert das „eigene Ich" und eine hedonistische Lebenseinstellung. Beachtet werden die zum Selbstzweck aufgestellten Regeln, die als Gesetze manifestiert werden. Beispielsweise „Sei dein eigener Gott", „Lebe, wie du willst", „Lebe deine Sexualität aus" etc.

Anton Szandor LaVey verfasste die sogenannte „Satanic Bible" und gründete in der Walpurgisnacht im Jahr 1966 die *Church Of Satan.* Die Mitglieder dieser Kirche, zu denen im Übrigen auch der Sänger der Metal-Band Mercyful Fate, Kim Bendix Petersen, besser bekannt unter dem Namen King Diamond zählt, vertreten die Ansicht, dass es keinen Gott gibt, der als Erschaffer der Welt angesehen werden kann. Weiterhin wird u. a. propagiert, dass der Mensch dem Tier gleichzusetzen ist, und dass man ein auf Lustgewinn abgezieltes Leben führen soll. Die *Church Of Satan* hat sich ein Regelwerk der „Elf satanischen Regeln der Erde" auferlegt, ebenso Beachtung finden die „Neun satanischen Grundsätze" sowie die „Neun satanischen Sünden". Weiter soll an dieser Stelle nicht auf die *Church Of Satan* eingegangen werden. Für tiefergehende Informationen zu diesem Thema wird auf die entsprechende Literatur oder das Internet verwiesen.

Metal und Satan:

Die Vorwürfe der Kritiker, Rock und Metal würden die Menschen, die diese Musik hören, insbesondere jedoch die Jugend, in negativer Weise beeinflussen, sind so alt wie die Rockmusik selbst. Ebenso die daraus resultierenden Unterstellungen, dass die Musik und/oder die Texte zu strafbaren Handlungen animieren. Hinzu kommen die Aussagen, dass Metal satanistische Züge aufweise oder gar satanistisch sei. Und dann gibt es noch diese Zahl des Antichristen, die 666. Auch die bereits beschriebene Hörnerhand deutet für manche Betrachter auf eine satanistische Handlungsweise hin. Die Aufzählung kann noch erweitert werden: schwarze Kleidung, umgedrehte Kreuze, Pentagramme etc. Auch das Thema des Backmaskings, das schon an anderer Stelle genannt wurde, kann in diesem Zusammenhang erwähnt werden.

Insbesondere im Genre Black Metal geht es in den allermeisten Fällen um Satan, Hölle, Böse-Sein und auch um eine kritische Betrachtung gegenüber manchen Religionsgemeinschaften. Die Bühnenbilder bei Livekonzerten einiger Black Metal-Bands sind für manch strenggläubigen Christen wohl schwierig zu verarbeiten.
Anschauungsbeispiel: Bühnenbilder der Bands Gorgoroth oder Watain. Die Band Watain benutzt im Rahmen ihrer Auftritte auch Tierkadaver und Schweineblut.

Der vorgeschobene Satanismus mit kriminellen Hintergründen, den ich im Fall Varg Vikernes und seinem Umfeld beschrieben habe, muss hier ebenso Erwähnung finden.

Bemühung um eine Differenzierung:

Fangen wir bei den kriminellen Machenschaften an, die unter dem Vorwand des Metals, in diesem Fall des Black Metals, verübt wurden. Es handelt sich hier um Straftaten, die von jedem anständigen Metal-Fan verurteilt werden und leider auch überall auf der Welt vorkommen. Das Unschöne besteht darin, dass sich möglicherweise irgendwelche selbsternannten Satanisten, was immer das auch sein mag, im Dunstkreis dieser Taten brüsten.
Die Texte im Black Metal befassen sich meistens mit Satan, der Hölle etc. Darum sind auch die Bühnenbilder bei Livekonzerten manch-

mal kein Anblick für sensible Menschen. Auch gibt es zu diesem Thema Videoproduktionen von Black Metal-Bands, die für Jugendliche unter 16 Jahren nicht geeignet sein dürften. Da der Black Metal thematisch und musikalisch bewusst in eine **raue**, manchmal auch **nekrophil erscheinende** Ausdrucksform gefasst ist, muss er, um dem Gesamtbild zu entsprechen, auch visuell **böse**, **unästhetisch** und **provozierend** wirken. Dazu zählen auch das bereits beschriebene Corpse-Painting, entsprechende Kleidung und Utensilien der Bandmitglieder und der „Black-Metalschaft". Der Vergleich mit einem Schauspiel ist hier nicht unangebracht.

Im Folgenden nun einige Anmerkungen zu visuellen Ausdrucksformen des „**Bösen**", die im Metal Einzug gehalten haben und schon fast kultigen Charakter besitzen:

666 – The number of the beast:

Zunächst zu der magischen Zahl 666, im Volksglauben die Zahl des Antichristen oder des Bösen. Die aneinandergereihten Ziffern 6 6 6 bilden eine Zahl, die sich in der Bibel, genauer gesagt in der Offenbarung des Johannes, wiederfindet. Hinsichtlich der Bedeutung wird wild spekuliert. Die einen sehen eine Zahl des Tieres, die anderen sehen den Antichristen darin. Im Metal macht man sich diese Zahl zu eigen, indem man ein Axiom daraus bildet und die 666 als das „Böse" (den Teufel oder Satan) ansieht.
Eine größere Bedeutung bekam das Thema durch Iron Maidens Song „The Number Of The Beast" aus dem Jahr 1982. In der Interpretation kann man annehmen, dass die Zahl 666 das Böse im Menschen darstellen soll. Soweit der Mensch erkennt, dass dies sich in seinem „Selbst" befindet, kann er es durch sein „Ich" besiegen.

Pentagramm:

Die Aussagen zum Pentagramm sind vielfältig. So kommt es in der Geometrie als Bezeichnung eines fünfzackigen Sterns vor. In der Antike galt es als Symbol der Venus, im Mittelalter als Abwehr gegen das Böse. Auch im Kirchenbau wurde das Pentagramm verwendet und deutet auf die fünf Wunden von Jesus Christus hin. Goethe hat in seinem Faust das Pentagramm als Hindernis für Mephistopheles eingebaut. In umgedrehter Form (also mit den zwei Spitzen nach oben) soll es eine satanistische Bedeutung haben.

Petruskreuz:

Ein Kreuz in umgedrehter Form, auch Petruskreuz genannt, bezieht sich auf die Kreuzigung des Apostel Petrus in Rom; dieser meinte, dass er nicht würdig sei, so wie Jesus Christus zu sterben. Deshalb bat er seine Vollstrecker, ihn mit dem Kopf nach unten zu kreuzigen. In der heutigen Zeit gilt das umgedrehte Kreuz auch als antichristliches Symbol.
So verändert sich unsere allgemeine Anschauung ohne Notwendigkeit. Der eine trägt also das Kreuz in dieser Form aus Respektbezeugung, der andere als Schmuck und der dritte als Zeichen des Antichristen.

Teufelshörner:

Auf die Symbolik der Teufelshörner wurde bereits an anderer Stelle eingegangen.

Fazit:

Das gesamte Erscheinungsbild des Black Metals ist vorwiegend der Ausdruck einer **Kunstform**! Für die Metal-Freaks ist es oft eine **Protesthaltung**, die auch als Mittel zur **Provokation** dient. Ähnlich verhält es sich beim Death Metal, der neben vielen anderen auch antichristliche Themen behandelt.
Anzumerken ist auch, dass nicht alle Black Metal-Produktionen einen religiösen Hintergrund beinhalten. Themen sind u. a. auch in der Geschichte, Mythologie oder der Natur zu finden.

8. Fremdbeurteilung

Wie antwortet eigentlich Frau oder Mann, wenn man sie/ihn bittet, einen Fragebogen über Musik und Metal-Szene spontan auszufüllen?

Um das herauszufinden, wurden insgesamt 100 Leute, ohne Auswahl einer bestimmten Ziel- oder Altersgruppe, unabhängig voneinander an verschiedenen Orten gebeten, spontan einige Antworten zu geben. Die folgenden Ergebnisse kamen dabei heraus, die natürlich nicht repräsentativ sind. Bei der Auswertung der Bögen wurde zwischen den Altersgruppen von 15 bis 40 Jahren und über 40 Jahren unterschieden. Fett gedruckt ist die Anzahl der Aussagen, wobei jeder seinem Wissen „freien Lauf" lassen konnte.

Die erste Frage zielte darauf ab, **was der Einzelne unter Metal versteht**.

Antworten:

15- bis 40-Jährige	*harte, laute Gitarrenmusik* ***28,*** *Headbanging und Geschrei* ***10,*** *keine Ahnung* ***6,*** *Musik* ***5,*** *Musik und Lebensart* ***3,*** *schwarze Kleidung* ***2***
Über 40-Jährige	*Hardrock – Gitarrenmusik* ***17,*** *keine Ahnung* ***13,*** *Krach ohne Melodie* ***10,*** *Musik* ***4,*** *Stärke und Kraft* ***3,*** *Eisen* ***2,*** *Rammstein* ***1****, Wacken* ***1***

Die zweite Frage sollte klären, **wie der Metal entstanden ist**.

Antworten:

15- bis 40-Jährige	*keine Ahnung* ***44,*** *in England* ***3****, aus dem Punkrock* ***3****,* *aus der Rockmusik* ***1***
Über 40-Jährige	*keine Ahnung* ***41,*** *Weiterentwicklung des Hardrock* ***2****,* *aus dem Rock/Punk* ***2****, Protesthaltung der Jugend* ***2****,* *Weiterentwicklung auf klassischer Basis (Wagner)* ***1****, aus der Blechmusik* ***1***

In der dritten Frage sollten **Metal-Bands ggf. Stilrichtung und/oder Musiktitel aufgezählt werden.**

Antworten:

15- bis 40-Jährige	*bis zu 2 Metal-Bands* ***27*** *(meist wurden AC/DC sowie Metallica genannt),* ***16*** *der Befragten konnten Stilrichtungen angeben,* *bis zu 4 Metal-Bands* ***9****,* *mehr als 5 Metal-Bands* ***8****,* ***8*** *konnten mindestens einen Songtitel nennen,* *ich kenne keine Metal-Band 7*
Über 40-Jährige	*ich kenne keine Metal-Bands* ***24****,* *bis zu 2 Metal-Bands* ***11****,* *bis zu 4 Metal-Bands* ***7****,* *mehr als 5 Metal-Bands* ***7****,* ***3*** *der Befragten konnten Stilrichtungen angeben,* ***4*** *konnten mindestens einen Songtitel nennen.*

In der vierten Frage sollten **Metal-spezifische Eigenschaften** angegeben werden. Es wurden die Begriffe **Religion, Politik, Kleidung, Intellekt, Auftreten, Altersgruppe, Beruf, Sozialverhalten** vorgegeben.

Antworten:

15- bis 40-Jährige	*schwarze Kleidung* **35**, *lange Haare* **21**, *Leder, Nieten und Schmuck* **12**, *alle Altersgruppen* **11**, *tolerant und freundlich* **10** *alle Berufsgruppen* **7**, *ungepflegt und ungeduscht* **7**, *von 16-40 Jahre alt* **6**, *normales Sozialverhalten* **6**, *keine Ahnung* **5**, *sehr intelligent* **5**, *alle Religionen* **5**, *Pogen und Headbanging* **4**, *unpolitisch* **4**, *schüchtern* **4**, *Drogen* **4**, *Band T-Shirts* **3**, *Tattoos und Piercings* **3**, *durchschnittlich intelligent* **3**, *Satanisten* **3**, *politisch* **3**, *alle Gesellschaftsschichten* **3**, *politisch links orientiert* **3**, *Zusammengehörigkeit* **3**, *geschminkt* **2**, *religionsneutral* **2**, *Atheisten* **2**, *Sekten* **2**, *gegen Gewalt und friedlich* **2**, *oft arbeitslos* **2**, *Abgrenzung im Auftreten* **2**, *bodenständig konservativ* **2**, *aggressiv bösartig* **2**, *aufständisch* **2**, *alle Kleidungsarten* **1**, *politisch rechts orientiert* **1**, *Abschalten vom Alltag* **1**, *bis 30 Jahre alt* **1**, *über 40 Jahre alt* **1**, *Liebe zur Musik* **1**, *Musik dient dem Aggressionsabbau* **1**, *selbstbewusst* **1**, *exzessive Aggressionen* **1**, *zerrissene Kleidung* **1**

Über 40-Jährige	*keine Ahnung* ***20,*** *schwarze Kleidung* ***9,*** *lange Haare* ***7,*** *Leder, Nieten und Schmuck* ***6,*** *alle Altersgruppen* ***6,*** *normales soziales Verhalten* ***6*** *alle Berufsgruppen* ***5,*** *aufständisch* ***5,*** *Tattoos Piercing* ***3,*** *alle Gesellschaftsschichten* ***3,*** *Zusammengehörigkeit* ***3,*** *sehr intelligent* ***2,*** *religionsneutral* ***2,*** *Atheisten* ***2,*** *unpolitisch* ***2,*** *Abschalten vom Alltag* ***2,*** *40-50 Jahre alt* ***2,*** *Missstände über Musik vermitteln* ***2,*** *eher jünger* ***2,*** *Band T-Shirts* ***1,*** *alle Kleidungsarten* ***1,*** *durchschnittlich intelligent* ***1,*** *Drogen* ***1,*** *politisch* ***1,*** *30-50 Jahre alt* ***1,*** *Abgrenzung im Auftreten* ***1,*** *selbstbewusst* ***1,*** *tolerant und freundlich* ***1,*** *Zeitgeist nicht aktuell* ***1,*** *Freiheitsdenken* ***1,*** *vielfältige Musik* ***1,*** *sexistisch* ***1,****viel Alkohol* ***1,*** *Lautstärke der Musik gesundheitsschädlich* ***1***

Die Aussagen der Befragten fokussierten sich mehrheitlich auf das äußere Erscheinungsbild der Metal-Heads (lange Haare, schwarze Kleidung, Leder, Nieten, Schmuck). Nur diejenigen, die mit dem Metal schon einmal Berührung hatten, waren auch in der Lage, weitere Angaben zur Szene, den Metal-spezifischen Eigenschaften sowie dem einen oder andern Klischee zu machen. Wer möchte, kann die getätigten Aussagen mit dem bereits Dargestellten vergleichen und sich seine eigene Meinung bilden.

9. Resümee

Dieses Buch *Metal – Musik, Szene und Lebenseinstellung* wurde keinesfalls aus kommerziellen Gründen geschrieben. Genauso wenig besteht hier die Absicht, Werbung für den Metal zu machen. Das wäre auch kaum möglich, denn entweder hat man die Lebenseinstellung oder man hat sie nicht. Dazu gehört schließlich neben der persönlichen Einstellung auch die Identifikation mit der Musik.

Die eigentliche Ursache jedoch, warum dieses Buch überhaupt entstand, war und ist die immer wieder vorkommende, negative Berichterstattung über den Metal und die damit verbundene, meist ungerechte Beurteilung. Bei der Auseinandersetzung mit den allermeisten negativen Darstellungen kann jeder, der sich etwas näher mit der Musik, den Menschen, die den Metal leben, und auch der Szene befasst hat, feststellen, dass es nicht selten an Qualität und Objektivität in den Aussagen der Kritiker fehlt. Da in Teilen der Bevölkerung der Wissensstand über Metal im Allgemeinen sehr begrenzt ist, wie auch der Fragebogen in **Kapitel 8** verdeutlicht, verwundert es nicht, dass populistische Aussagen zunächst einmal gut ankommen.

Für den Fall, dass der Leser Interesse hat, einige Einlassungen über Heavy Metal anzusehen, sollen hier einige Webseiten zur vertiefenden Information vorgeschlagen werden:

1. Artikel im Spiegel Spezial zum Thema „Christa Jenal“ (Gitarren zu Pflugscharen) vom 1.2.1994, www.spiegel.de/spiegel/spiegelspezial/d.52691478.html

2. Robert Duncan (US Musikkritiker) mit seiner Aussage über Heavy Metal, en.wikipedia.org/wiki/Robert_Duncan _writer

3. FAZ vom 19.10.2003 „Durch Verblödung zur Erlösung“, www.seiten.faz-archiv.de/fas/20031019/sd1200310192062453.html

4. Johannes Hügel „Moderne Musik: Seelen-und gesundheitszerstörend" (05.01.2009), www.aktion-kig.de/artikel/ModerneMusik.htm

Selbst Metal-Kritiker, die vermeintlich seriöse Darstellungen abliefern, sind meist nicht in die Szene involviert. Aufgrund dessen ist es oft schwierig, ihre Aussagen als seriös anzusehen. Gemeint sind hier natürlich nicht die durchaus gewollten Kritiken für Neuveröffentlichungen von Alben oder die Beurteilungen von Bandauftritten etc., sondern die **unqualifizierten Diffamierungen** des Metal-Volkes und ihrer Musik!
Dem Leser sei empfohlen, die Aussagen aus den negativen Berichterstattungen mit den Darstellungen in diesem Buch abzuwägen, und sich **selbst** ein Urteil über Menschen, Szene und Musik zu machen. Ist bei dem einen oder anderen die Neugier an der Materie Metal geweckt und das Verlangen nach tieferen Einblicken angeregt worden, haben die Zeilen dieses Buches möglicherweise etwas bewirkt. Auch ist es denkbar, dass mancher Leser, der sich bisher nicht für die vielfältige Musik der einzelnen Metal-Stilrichtungen interessiert hat, durch das Lauschen einer Hörprobe Gefallen daran findet.

Für den Metal-Head gilt:

Explicit lyrics and harder, faster, louder!
Metal will never die!

Derjenige, der mit dem Thema Metal nichts anfangen kann ...

Sollte den Metal einfach so sehen, wie er ist!

Für ALLE gilt:

Stay heavy!!!

Thanks for your support:

Unterstützt haben mich im Zusammenhang mit der Erstellung dieses Buches viele Metalfans, die ich mit meinen Umfragen genervt habe.
Danke für das Ausfüllen des Fragebogens!
Auch bei denen, die mir den Fragebogen für „**Nichtmetaler**" mühevoll und meist intuitiv ausgefüllt haben, möchte ich mich bedanken! Die Umfrageergebnisse waren mir bei vielen Betrachtungen sehr hilfreich.

Danke auch an meinen **Sohn Alexander**, mit dem ich ewige Diskurse führen durfte, in welches Genre man die eine oder andere Band im Zweifel einzuordnen hat.
Dank geht auch an **Marvin**, dem Frontman der **Metalbar „RAW"** in München, bei dem ich einige Zeit des Grübelns verbracht habe.

Bedanken möchte mich auch bei **Christian**, der mir mit seinen kritischen Anmerkungen sehr hilfreich war und besonders auch bei **Christiane** und **Harald**, die mir die Arbeit korrigiert haben.
Dank auch an meine Tochter **Angela** für das Probelesen und an meine Frau **Ilona**, die mir den Rücken freigehalten hat, damit dieses Buch entstehen konnte.

Herzlichen Dank an **Gerhard** für seine Vermittlungstätigkeit und an die Bands **end of green**, **Nachtblut**, **Saltatio Mortis** und **Varg** für die Zustimmung zur Bild- bzw. Textdarstellung.

Danke auch an **Toni**, für die Überlassung seiner Kamera und an die Mitarbeiter von Literareon – Herbert Utz Verlag GmbH, die viel Geduld mit mir hatten.

Fragebogen an Metalheads (nur an solche) mit der Bitte um spontane Beantwortung!!!!

(ich möchte ein Buch über unsere Musik und unsere Szene schreiben und benötige hierfür Eure Mithilfe DANKE!!!)

Bist Du ER oder SIE? ______________________________

Beruf: ______________________________

Alter: ______________________________

Wie viele Metal/Rockkonzerte besuchst Du ca. jährlich?

Wie viele Metal-Festivals besuchst Du ca. jährlich?

Was sind zur Zeit Deine favorisierten Metal Spielrichtungen (z.B. Pagan, Black, Power, Speed, Death, Metalcore, Old School, Thrash, etc.?)

Hörst Du auch gerne Blues? Wenn ja, wer sind Deine favorisierten Interpreten?

Was bedeutet für Dich Metal? Stichpunkte!

Fragebogen – Metal und Metalszene (mit der Bitte um spontane Beantwortung!!!)

(ich möchte ein Buch über Metal und die Metalszene schreiben und benötige hierfür entsprechende Mithilfe DANKE !!!)

Bist Du /sind Sie ER oder SIE? ______________________

Beruf: ______________________

Alter: ______________________

Was verstehst Du/verstehen Sie unter Metal?

Ist Dir/Ihnen bekannt wie Metal (Musik und Szene) entstanden ist? Wenn ja, wie?

Kannst Du/können Sie einige Metal Bands und/oder Musiktitel und/oder Stilrichtungen aufzählen?

Bands:	Titel: / Stilrichtung:

Was ist für Dich/Sie an der Metal-Szene charakteristisch (z. B. Aussagen zu RELIGION, POLITIK, KLEIDUNG, INTELLEKT, AUFTRETEN, ALTERSGRUPPE, BERUF, SOZIALVERHALTEN.) Stichpunkte !!!!!!!!
